女性リーダーのための
レジリエンス思考術

女性リーダーが、職場での
落ち込みから素早く立ち直り、
元気はつらつと仕事に
取り組むためのノウハウとは?

Resilience Thinking

三田村 薫
Mitamura Kaoru

同文舘出版

はじめに

今、女性リーダーにこそ、「レジリエンス力」が求められています。

変化のスピードが速い現在において、真面目で頑張り屋の人ほど、ストレスやプレッシャーを日々感じているはずです。うまくストレスの発散ができればいいのですが、忙しい毎日でストレスを発散する時間さえないとおっしゃる方がほとんどではないでしょうか。そうすると、心はどんどん疲弊していき、いつしかポッキリと折れてしまいます。

あなたも、仕事で失敗したとき、職場での人間関係に悩んでいるとき、プライベートの時間がなかなか取れないときには精神的に落ち込み、その落ち込んだ状態が永遠に続くのではないか、とさらに落ち込んでしまうことがあるかもしれません。

ところが、同じようなことが起こっても、レジリエンスの高い人は落ち込み続けることがなく、しなやかに再起することができるのです。レジリエンスが高い女性リーダーは、ストレスが多い社会でも、ストレスに負けない強さを持ち、タフに仕事を続けていくことができるのです。

女性リーダーは、日々の仕事の中でストレスやプレッシャーが絶えることがありません。そして、達成を求められる課題を常に抱えています。女性リーダーにこそ、失敗や困難を克服して、精神的に回復する力である「レジリエンス」が、強く求められているのです。

まず、あなたのレジリエンス度をチェックしてみてください。以下の項目で当てはまると思ったところにチェックを入れて、チェックの数でレジリエンス度を診断していきます。

- ❑大勢の人の前でも緊張しないほうだと思う
- ❑新しいこと、新しい土地に行くことが好きだ
- ❑好奇心が強いほうだと思う
- ❑自分は、社会に貢献していると思う
- ❑新しい環境には、すぐになじんでしまうほうだ
- ❑人とは知り合ってすぐに友達になれる
- ❑自分の思いや考えを、すぐに人に伝えることができる
- ❑理不尽なことがあっても引きずらない

❒趣味といえるものが３つ以上ある
❒簡単に物事を諦めないタイプだ
❒いろいろなことにチャレンジするのが好きだ
❒自分は幸せだと思う
❒何でも相談できる友人や家族がいる
❒気持ちの切り替えが早いほうだ
❒自分の将来のことを考えるとワクワクする

いかがでしたか。12個～15個に当てはまった人はレジリエンス度が高い人、８個～11個に当てはまった人は普通、７個以下はレジリエンス度が低い人です。

診断結果が低くても心配はありません。「レジリエンス」は先天的なものではなく、誰でも鍛えることができるからです。

本書では、レジリエンスを鍛えるためのメソッドをいくつかご紹介しています。自分がムリなく続けられる方法、あるいはストレスなく実践できる方法を選んで試してみてください。もちろん、複数のメソッドを実践するほど、レジリエンスは高められます。ひとつずつクリアしていくイメージで、試してみるといいかもしれません。

本書を参考に、レジリエンス力を高めて、少しでもストレスを感じにくい心を育てていっていただけたら幸いです。

三田村薫

女性リーダーのためのレジリエンス思考術●目次

プロローグ　女性と男性では立ち直り方が違う!?

1

目の前で起こっている現実があなたのすべて!?

2 人は他人から傷つけられることはない!? 自分で自分を傷つけている!?

3 レジリエンスが低い人は小さい箱の中でグルグル回り続けている!?

4 大人女子の心の強さを身につける方法とは?

5 自分を立て直す方法とは？

6 過去にとらわれず未来を創り出す方法とは？

装 丁／村上顕一
DTP／マーリンクレイン

プロローグ　女性と男性では立ち直り方が違う⁉

本書を手に取っていただき、ありがとうございます。本書を手に取ったということは、あなたは女性で、しかも会社では自分が面倒をみなければならない後輩や部下がいる立場である。もしくは、今リーダーとして部下育成で困っていて、「どうしたら部下たちが思うように動いてくれるか？」と悩んでいるか、もしくはちょっとしたことで落ち込みやすく、いつも悩みを抱えていて、「私なんか、リーダーになる資格なんかないのかも……」と思い始めている、他にもいろいろと考えられますが、少なくとも解決したい問題や課題をお持ちだと推察します。

あなたは、落ち込んでしまう自分が嫌になっていたり、いつも明るく振る舞っているあの人みたいになりたいと憧れている人がいたり、「何で私ばかり、こんな目にあうのか」と嘆いているかもしれません。ですが、その思いは少し待ってください。今、あなたは落ち込んでいるかもしれませんが、人は落ち込むものであり、あなたは特別に劣っているわけでもなければ、人として弱いわけでもありません。人は、思いもしない嫌なことがあれば落ち込んで凹みます。でも、それでいいのです。ただ、過剰に落ち込んだ状態が続くと、自分自身が疲弊するし、育てなければならない部下がいる場合、部下育成どころではなくなってしまい、日常業務に弊害が生じます。弊害が生じれば、上司からは嫌味のひとつも言われるかもしれません。すると、よけいに落ち込んでしまう状況をつくってしまいます。悪いことが重なるわけです。

本書では、この悪いことが重なる連鎖を食い止める方法を書いています。ネガティブループを自分で意識的に止めるのです。

そもそも、レジリエンスは「回復力」「抵抗力」「復元力」「耐久力」などとも訳される心理学用語です。

私が、レジリエンスを学び出した頃は、まだ書店にもレジリエンスというタイトルがつく本は数える程度でしたが、最近、大型書店ではレジリエンスコーナーができるほど、レジリエンス関連本が増えました。私も、ずいぶんレジリエンスに関する本を読んできたのですが、書かれている内容を読んで「なるほど」とは思うものの、「そうかな？」と書かれている方法に疑問があったり、「やってみよう」と腑に落ちることがなく、何だかしっくりこない感じがありました。この何だかしっくりこない腑に落ちない感じが、本書を書くキッカケとなりました。

書店に並んでいるレジリエンス関連本は、男性が書いた男性のための「レジリエンス本」が多いことに気づいたのです。男性目線の「折れない心を手に入れる」「逆境をエネルギーに変える」「逆境に強くなる」「打たれ強くなる方法」「凹んでも折れない心を手に入れる」「心を強くする法則」といったものばかりでした。今となってはわかりますが、「逆境に強くなる」「打たれ強くなる」「折れない心を手に入れる」に違和感があったのです。

女性は、落ち込んでいる今の状態から脱却したいと思っても、「強くなりたい」「打たれ強くなりたい」「折れない心を手に入れたい」とは思わないのではないかと。少なくとも、私は思いませんでした。ということは、女性目線の女性リーダーに対してのレジリエンス本がないではないかと思ったのです。

では、男性と女性との違いは何なのか？　感性の違いがあるのは間違いないようだけれど、落ち込んだ状態からの立ち直り方に違いがあるのかを考えていこうと思ったのです。女性には、女性特有の立ち直り方があり、そのほうが早い段階で立ち直ることができ、軌道修正ができるのではないかと考えたのです。

誰しも、落ち込んだ状態から早く抜け出したいと思うものであり、落ち込んだ状態が好きという人は少ないと思います。と言うか、皆無だと思います。ならば、早い段階で、自分が望む状態になるためにできることはないかと思い、本書を書きました。実は、当たり前のことのようですが、**自分の状態を変えられるのは自分しかありません**。ですが、人は外の環境によって自分の状態が左右されると勘違いしているのです。

つまり、上司がどんなに嫌味な人でも、部下に恵まれないと嘆いていても、あの会社に入っていればもっと活躍できたはずと思ったところで、原因を外に求めている限り、何も改善されないのです。もし、あなたの上司が誰からも好かれる人望のある人であっても、あなたの不満がひとつもなくなることはありません。あなたは、自分の状況が悪いのは「環境のせいだ」と言い訳をして、「あの人のせいだ」と他責にして、「もっと頭がよかったら……」と、無理やり自分を納得させているのです。

でも、長年にわたって無理やり納得させられていたあなたの心は、「もうそろそろ、何とかしてくれよ」「いいかげん、同じことを繰り返すのはやめようよ」と、無意識に本書を手に取ったのではないでしょうか。「いや、そんなことはない。自分の意思で手に取った」と思われる方もいるかもしれませんが、読み進めてみてください。あなたの意識でないところで、あなたは変わろうと自分で決めたのだということが理解できるはずです。

みんな、頭では「いつまでも落ち込んでいる場合ではない。前を向いていかないといけない！」とわかっているものの、気づけば、「何でこんなことになってしまったんだろう」

なぜ同じことを考えているのではないでしょうか。あなたを含めたほとんどの人は、頭では「いつまでも同じことを繰り返していてはダメ」だとわかっているのです。では、なぜ同じことを、知らず知らずのうちに考えて落ち込んでしまうのでしょうか?

本書では、落ち込みのループから抜け出す方法を書いています。何年、同じことを繰り返していますか? 何回、同じような状況に陥っていますか? 同じことを繰り返さないために、新しい自分を手に入れるために本書を活用してください。

I

目の前で
起こっている
現実が
あなたのすべて!?

あなたが太っているのは、あの人がおいしそうに食べるからなのか!?

まず、あなたに言っておきます。最初から辛辣なことを言うようですが、心の準備はいいですか？　では、言いますよ。

「あなたの目の前で起こっている現実が、あなたのすべてです」

そう言われても、「はぁ〜?」となってしまうかも知れませんね。また、自分の現状に不満や不足があって、お先真っ暗な状況の人からすると、文字通り「私の人生は真っ暗なわけ!?」と怒られそうですが、つまりこういうことです。目の前に問題や課題があった場合、同じことを繰り返している人の特徴は、その問題や課題と向き合うことなく、ただ「私のせいじゃない」「部下のできが悪いから」「上司の人選が悪いから」「現場をわかっていない会社が悪い」と、目の前の問題や課題と向き合わないですむように他責にしてしまうクセがあるのです。

その思考グセによって、同じことが何度も繰り返され、現状が何も変わらないというわけです。

他責にしたほうが自分自身に対しての反省材料がないわけですから楽だし、また、他責にしてしまうと、「あの人が反省すべきだ!」と、自分は何も変わる必要がないと思ってしまうわけですから、何かを変えて失敗するリスクを犯さなくてもすみます。他責にしているときは、そんなつもりではないにしても、他責にしているということは、目の前の問題や課題と向き合わなくてすみます。向き合わないからどうしていいのかもわからず、現状が何も変わらないのです。

今の目の前の状況には、そうなった原因があるはずです。原因と言っても、あなたが悪いからそうなったと言っているわけではありません。そうなった原因があって、そこに向き合わないで何も対処しないから、その原因がそのまま続いているということです。

まず、あなたの人生を振り返ってみてください。人生の分岐点で起こったこと、そして、その結果となった原因を考えてみてください。たとえば、受験勉強を頑張った結果、行きたい大学に入学できた。または、受験勉強は頑張ったけれど、大学受験に失敗した。大学受験に失敗したことが海外留学のキッカケになって、語学勉強を必死に頑張った結果、グローバルな仕事に就くことができた。

または、こんな人もいるかと思います。自分では受験勉強を頑張ったのに、行きたい大学に合格できなかったという人。そんな人からすると、「私は頑張ったのに、なぜだかわからないけど不合格だった」となってしまい、不合格になった原因がわからないとなってしまうかもしれませんが、ここでよく考えてみてください。「なぜだかわからない」と原因を考えることを放棄してしまうと、また同じことを繰り返します。

受験勉強を頑張ったけど不合格だったという結果であれば、必ず原因があるはずです。たとえば、受験勉強を頑張ったけれど方法が間違っていた。受験の日に緊張してしまって、頭がまわらなかった。自分では受験勉強を頑張ったつもりだったけど、頑張りが足りなかった。

「今」が、何十にも何百にも何千にも重なった結果が「未来」です。

すべての結果には、必ず原因があります。そして、その原因を受け止めて「今」を変えていくしかありません。起こってしまった「結果」は変えようがありません。あなたの「今」の思いや行動が、すべて「結果」につながります。なので、本書を読んでも「後でやろう」「時間があるときにしよう」「今度にしよう」となってしまっては、結果である未来は何も変わりません。

物事がうまくいかない理由を、自分以外の何かのせいにしておけば、自分は傷つかず、こんなに楽なことはありません。でも、そんなことを言っていても、状況は何も変わりません。状況を変えたければ、自分の選択を変えなければなりません。他の誰かの問題では

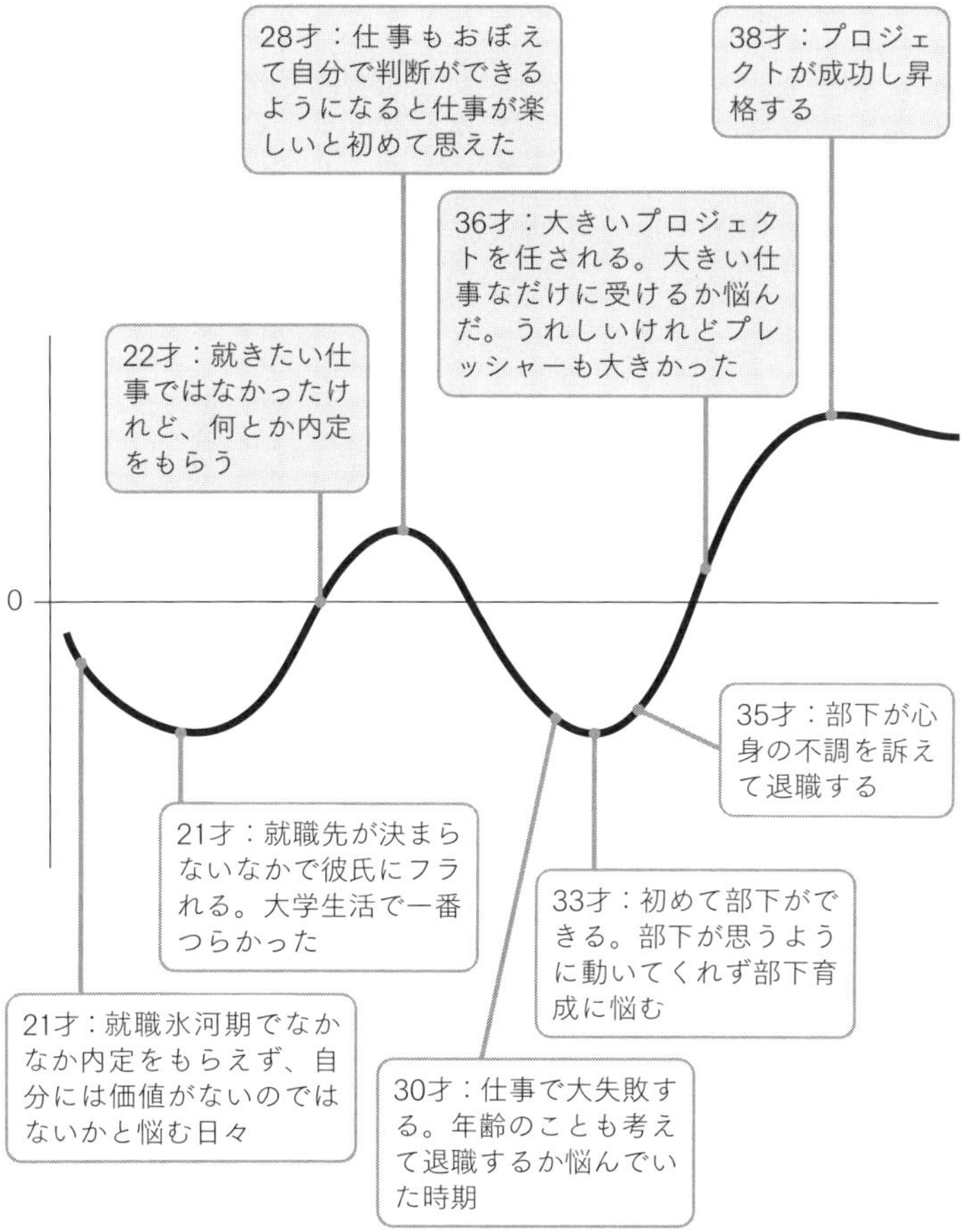
28才：仕事もおぼえて自分で判断ができるようになると仕事が楽しいと初めて思えた
38才：プロジェクトが成功し昇格する
36才：大きいプロジェクトを任される。大きい仕事なだけに受けるか悩んだ。うれしいけれどプレッシャーも大きかった
22才：就きたい仕事ではなかったけれど、何とか内定をもらう
0
35才：部下が心身の不調を訴えて退職する
21才：就職先が決まらないなかで彼氏にフラれる。大学生活で一番つらかった
33才：初めて部下ができる。部下が思うように動いてくれず部下育成に悩む
21才：就職氷河期でなかなか内定をもらえず、自分には価値がないのではないかと悩む日々
30才：仕事で大失敗する。年齢のことも考えて退職するか悩んでいた時期

なく、自分自身の問題なのです。

極端な話ですが、あなたがダイエットしたいと思っているとします。いくら頑張っても痩せられないからといって、「私が太っているのは、あの人がおいしそうに食べるからだ」「私が太っているのは、通勤時間が短くてほとんど歩かないからだ」「私が太っているのは、○○さんが「全然、太っていないよ」って言ってくるからだ」と言っているのと変わらない発想です。あの人がまずそうに食べれば、あなたは痩せるのでしょうか？　家から勤務する会社までの移動距離が長ければ、あなたは痩せるのでしょうか？　○○さんが「ものすごく太っているね」と言ってくれれば、あなたは痩せるのでしょうか？　あなたが太っているのは、あなた自身が暴飲暴食をしているからであって、他者や環境のせいではありません。

私たちは日々、いろいろな選択をしています。「今朝は、ご飯にしようかな？　パンにしようかな？」「今日は雨が降りそうだから傘を持っていこうかな？」「何時の電車に乗ろうかな？」「ランチはパスタにしようかな？」など、いろいろな選択の結果が今のあなたです。他の誰でもない、あなた自身の選択の結果です。今のやり方で、営業成績が上がらないのであれば、別の角度から考えて実行すること、部下が言うことを聞いてくれないと嘆くのであれば、部下とのコミュニケーションの回数を増やしてみようとか、上司や同僚に意見を聞いてみようとか、別の方法を考えて実行すること。部下の○○さんのやる気を上げる方法を他の部下に協力してもらうように呼びかけようとか、まず、自分自身の選択を変えてみてください。それでも、あなたは、「自分ひとりが何かをやっても、そう変わるものではないし……」と思うかもしれません。本当にそうでしょうか？

2 〝キムタク〟のことを考えないようにすると、スマップ勢ぞろいの謎!?

みなさんは、何か嫌なことがあった場合のイヤ～な気持ちをどうしていますか？　一般的に私たちは、〝感情〟というものをどう扱ったらよいかよく知りません。なぜなら、特別に心理学を学びました、メンタルヘルスを学びましたという人以外は、誰からも教わっていないからです。とくに日本では、自分の精神的な弱い部分を他人に話すことを避ける傾向があります。それは、昔の「根性と気合で何とかしろ」という悪習のなごりかもしれませんね。

だとしたら、どう扱っていいかわからないのが普通だと思います。よい気持ちのときは、そのまま楽しさを満喫すればいいのでしょうが、嫌な気持ちを感じたときには、「早く抜け出したい」「早く忘れたい」と頑張って、なかったことにしようとしているのではないでしょうか。落ち込んでいるときには、一刻も早く忘れてしまいたい。なかったことにしたいと思いがちですが、実際にあったことをなかったことにはできないし、何より自分自身が憶えています。それに、人は忘れよう忘れようとすると、よけいに思い出してしまうという厄介な脳の機能があります。

ちょっと実験したいと思います。「キムタクのことは考えないでください」と、こう言っても、もし、キムタクの顔が浮かんできたり、ドラマのワンシーンを思い出したら、それを打ち消そうと頑張ってみてください。「キムタクを思い出さない」と念じてもいいし、「ナカイ君……」「シンゴちゃん……」と他のメンバーを思い浮かべてもいいのです。どうですか？　キムタクは消えましたか？　消えるどころか、見事にスマップ全員勢ぞろいになりませんでしたか？

キムタクを思い出さないようにしようとするほど、キムタクが強化されてしまいます。これは私たちの脳の機能です。すなわち、逆効果なのです。では、どうすればいいのか？まずは、なかったことにするのではなく、それを受け入れるということをお勧めします。人によって落ち込むに至った事情が違うし、落ち込み方や落ち込んでいる時間も違うと思います。

ある人は、上司に自分の失敗を怒られて一日中気持ちが沈んでしまう人もいれば、同じことがあっても、あっけらかんとしている人もいます。あっけらかんとして、自分の失敗や失態に目を向けずに反省しないのはどうかと思いますが、過剰に落ち込んでしまって前に進めなくなってしまっては、精神的負担が大きいばかりか、あなたが指導・育成しなければならない部下がいる場合、部下に示しがつきません。それに何より、あなたの精神状態が、部下に影響を与えてしまいます。

あなたも、何だか不機嫌な上司と仕事をしなければならない場合、何かしらの影響を受けてしまい、あなたの気持ちまで沈んでしまった経験があるのではないでしょうか。

まずは、落ち込んだときの記憶を思い出してみてください。あなたは、どんなことで落ち込んでしまうのでしょうか？　また、どんな状態のときに落ち込むことが多いのでしょうか？　落ち込む理由は人それぞれで、昇格試験に落ちてしまった、営業成績が悪かった、取引先から怒られた、上司から小言を言われた、さまざまな理由が考えられます。

ここで考えていただきたいのは、①落ち込んだ状況、②落ち込んだときの気持ち・感情、相手がいるなら相手への気持ち・感情、③今の自分を客観的に第三者から見ると、どのように見られていると思いますか？　という3つです。

書き出すことで、客観的に見ることができて受け入れやすくなる効果があります。そし

①落ち込んだ状況

②落ち込んだ時の気持ち・感情＆（相手がいる場合）相手への気持ち・感情

③今の自分を客観的に第三者から見るとどんな風に見られていると思いますか？

て、落ち込んだときの気持ちに気づいたら、その気持ちにＯＫを出すのです。悲しくてＯＫ。ムカついてＯＫ。虚しくてＯＫ。辛くてＯＫ。今の自分は、そうなんだと、今の自分の状態にＯＫを出すのです。

「忘れなきゃいけない」「考えてはいけない」「早く抜け出さなきゃいけない」と思わなくてもいいのです。

あなたの中で起こる感情にＯＫを出すのです。

あなたの中で起こる感情を、あなた自身が否定してしまっては、その感情はどこに行けばいいのでしょうか？　あなたが考えないようにしたりなかったことにすると、その感情

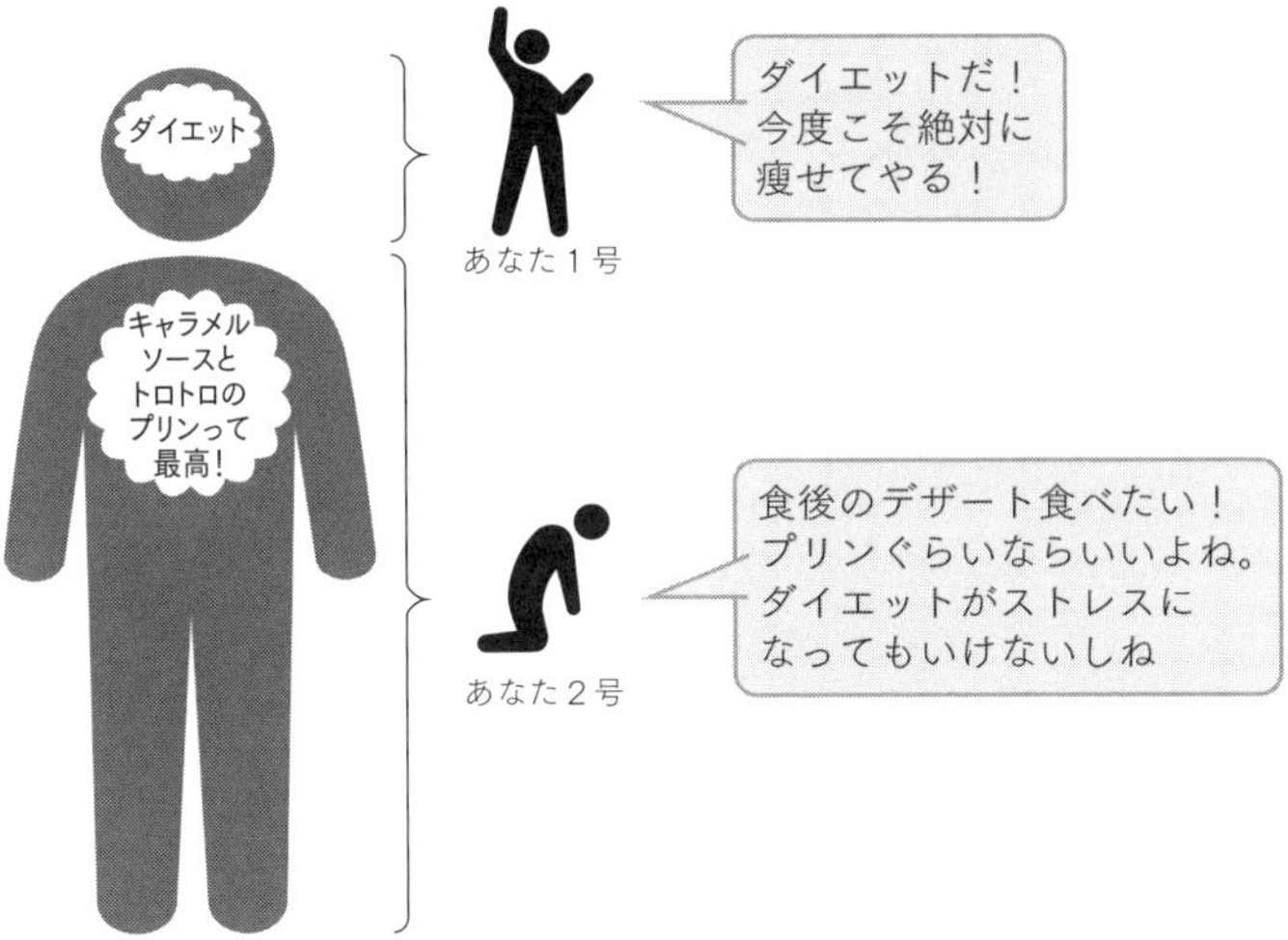
ダイエット
キャラメルソースとトロトロのプリンって最高！
あなた１号
ダイエットだ！
今度こそ絶対に
痩せてやる！
あなた２号
食後のデザート食べたい！
プリンぐらいならいいよね。
ダイエットがストレスに
なってもいけないしね

はなくなるのでしょうか？　いいえ違います。**その感情は、あなた自身に気づいてほしくてもっと大きくなって表われてしまいます。**キムタクを忘れようとすればするほど、スマップが勢ぞろいするのと同じ仕組みです。これは、人の感情の仕組みでもあります。

そして、あなたの中で起こる感情は、あなたが幼い頃からずっとあなたと一緒です。もう一人の自分と思ってください。

「えっ！　私は一人ですけど……」と思われる方もいると思います。では、あなたは「こんなことで落ち込んではいけない！」と思って、その落ち込みから立ち直ることができましたか？　何かイライラする、モヤモヤするというときには、「クヨクヨし

意識と無意識

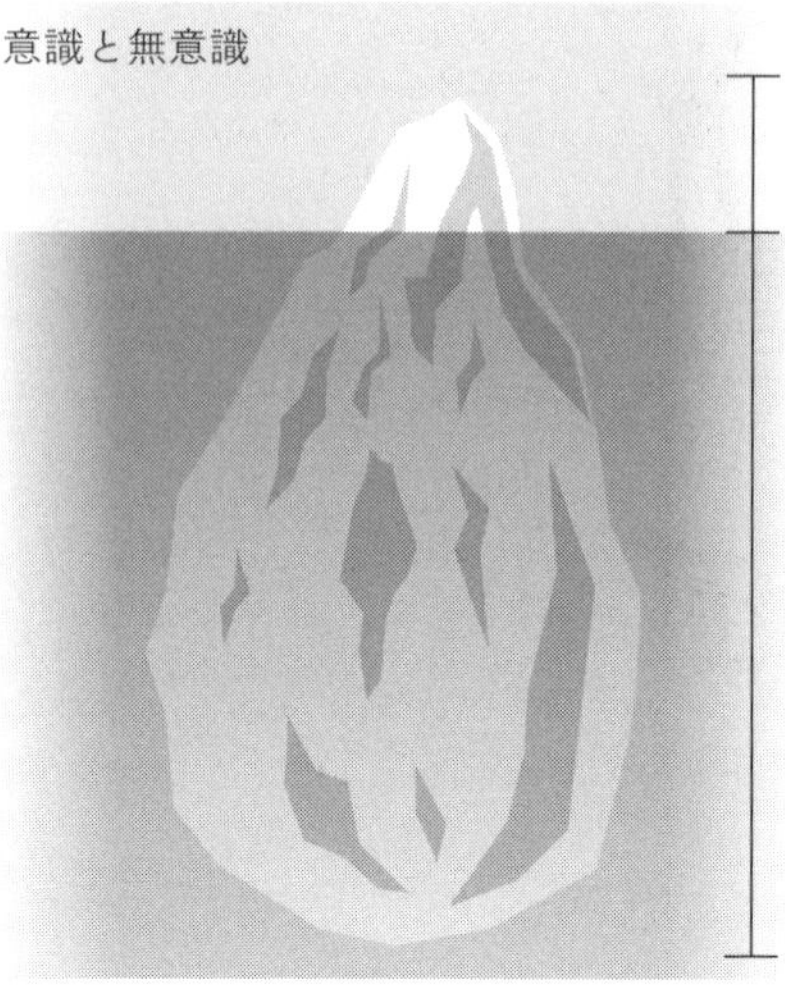

てもしょうがないから前向きになろう！」と頭ではわかっていても、なかなか気持ちがついてこないことってありませんか？

それは、身体で感じる感情というものは、頭で考える思考とはまったく別物だからです。「こんなことで落ち込んではいけない！」と、頭ではわかっているのです。でも、感情がどうしても落ち込んだ状態をキープしてしまう。ダイエットもそうです。頭では、これを食べたら太るからダメだとわかってはいても、つい手が出てしまう。頭でわかっていることを意識、身体でわかっていることを無意識、**「意識＝自分、無意識＝もう一人の自分」**だとすると、身体に起こる無意識の自分のほうが強力なのです。

意識と無意識です。それが大きく影響しています。だいたい、私たちは何対何で生きていると思いますか？　パーセントで言うと、意識が５％と無意識が95％なのです。

私たちが話している時は、意識で話しています。私たちの生命を維持しているのは、ほとんどが無意識です。これはどういうことかと言うと、「意図的に細胞分裂を起こせますか？」、「消化腺の分泌を自分でコントロールできますか？」、「血液の巡りを少しゆっくりすることはできますか？」無理ですよね？　私たちは、無意識レベルで反応しているのです。ちょうど、その中間が呼吸です。呼吸は寝ているときも無意識で行なっています。でも、意識的に呼吸を止めることもできます。しかし、最終的には無意識が働いて、「ぷはぁ～」と呼吸をすることになるのです。

無意識と意識では、どちらが強力かというと、生命維持装置でもある無意識なのです。そんな強力な自分をなかったことにしようなんてことは、土台無理な話なのです。それより、もう一人の自分を味方につけたほうがよほど建設的だし、何より、**もう一人の自分はあなた自身です。味方になってくれないはずがありません。**

身体で感じる感情というものは、頭で考える思考とはまったく別物です。どんなに、論理的な人でも、いくら知能指数が高くても、思考を使って感情を収めることはできません。思考で処理するのではなく、今感じている感情に気づいて処理していく方法をいくつかご紹介します。

3 ● イヤ〜な感情を感じなくなると幸せなのか？

前項では、自分に起こっている感情に気づくことが大切とお伝えしましたが、人によっては、感情があまり湧かない、自分の感情がわからないという人もいます。一見すると落ち着いた人に見えたり、感情的にならないので温厚な人と見られがちですが、でも、自分では気づかないだけで感情は働いています。

すると、知らず知らずのうちに、押さえつけた感情が溜まり、別の場所に影響を及ぼすことがあります。ストレスが溜まっていることが感じられず、ストレスから起こる頭痛、胃痛、不眠、心身の不調といった症状が身体に出てきてしまいます。

このような人の特徴は、真面目で責任感が強く几帳面、完璧主義の傾向があり、本来の自分の感情を感じにくいとも言われています。そして、このタイプの人は、自分が辛くても、周囲の人に対しては「楽しい」「元気」「前向き」「大丈夫」な自分を演じることがクセになっている場合があり、その人が突然バーンアウトするまで、周囲の人は気づかなかったといったケースが多々あります。

自分の感情に気づかないままだと、さまざまな弊害が起こってしまいます。では、自分に起こっている感情に気づこう、気づきたいと思って、感情スイッチをONにすればすぐに気づくようになるかと言うと、見失った感情スイッチがどこにあるのかを探すところから始まるので、スイッチをONにするまでに少し時間がかかります。感情スイッチが見当たらないのもOFFになっているのも、そこには理由があります。

私たちの無意識には、感情を感じないようにする機能があります。あまりにも辛かったり、その感情を感じたままでは安心・安全に生きていけないと生命維持装置である無意識が判断した場合には、感情を感じないようにすることがあります。自分の味方である無意識が自己防衛しているのです。

感情を感じない原因となるもので、もっとも多いものが幼少期に両親から、「男の子が涙を流すなんてみっともない」と刷り込まれると、涙を流してしまうぐらい悲しいことでも我慢するようになり、悲しみに対して鈍くなったり、「女の子が大きな声で怒るなんてはしたない」と刷り込まれると、怒りに対して鈍化する傾向があり、客観的にみても怒りを覚えるような場面であっても、今、自分が怒っているのかわからないということになります。ある特定の感情をうまく使えないと、「悲しい」ときに「怒り」、「怒り」のときに

「笑う」など、他の感情や表現が出てしまうということになりますが、本来感じていた感情が解放されない限り、本人はいつまでもモヤモヤしたりイライラしたり、不快な感情を感じたりします。

別の例で言うと、ワーカホリック（仕事中毒）になっている人に見られるのが、自分で意識することなく無意識に自分が感じたくない感情を避けているケースがあります。たとえば、スケジュール帳に予定がびっしり詰まっていないと気がすまない人、予定が少しでも空いていると自ら何かしらの予定を作ってしまう人は、予定が空いていると不安になったり、落ち着かないといった特徴があります。

こういった人には、何の予定もないときに感じる「孤独感」や「空虚感」や「無価値観」といった感情を避けている場合があります。「自分が何かの役に立っていない」「自分が必要とされていない」といった感情を感じないようにするために、ワーカホリックに陥るのです。

このような感情を避ける行為ですが、無意識で感じたくない感情を避けているわけですから、無意識では「自分が何かの役に立っていない」「自分が必要とされていない」と感じているということになります。仕事をすることで、「自分は役に立っている」「必要とされている」と感じているわけですから、もっと仕事を一所懸命にやらないと、「価値がないんだ」、「認められないんだ」という不安や恐れが強くなり、ありのままの自分では「価値がない」、「認められない」という思いが強化されてしまいます。

ワーカホリックになってまで避けたい感情ですから、その感情と向き合うということは大きな痛みを伴うでしょうし、恐怖や悲しみでもあると思います。でも、避けたい感情を避け続けるということは、大きな痛みや恐怖は避けられたとしても、同じ感情でもある、幸福感、うれしさ、楽しさ、安心、豊かさなどを感じることが鈍くなってくるということになります。

そうすると、こんなことをしたい、あんなことをしたい、将来はこんな自分でいたいといった欲求がなくなり、自分の気持ちがよくわからないという状態に陥ります。

よくも悪くも感情を感じないというのは、怒りや孤独も感じず一見生きやすいように思えるかもしれませんが、感情がなければ幸せも感じません。なぜなら、幸せも感じるものだからです。

湯船につかったとき、スイーツを食べているとき、布団に入ったときなどに感じる「あぁ~幸せ」という時間が長い人ほど、幸せな人生です。頭で「こうなったら幸せ」「ああなったら幸せ」と、幸せのことを考えている人は幸せとは言えません。

感情をあまり感じないので、「楽しい」や「うれしい」という感じがわからない、感情の表現がうまくできなくて人間関係がうまくいかない、自分が何をしたいかがわからない、ドキドキワクワクしない、人生がつまらないというのであれば、感じにくくなった感情をまた敏感に感じられる自分になることを考えなければなりません。

4● 「わかる」＝安全、「わからない」＝危険

ここでは、イメージがつくり出されるプロセスをご説明したいと思います。まず、私の体験談をお話しますので、じっくりと読んでみてください。

私は、大阪で生まれ育ちました。私が住んでいた地域は大阪市内でも下町で、実家が商売を営んでいたこともあって、私の家は商店街の中にありました。1階が店舗、2階からが住居という環境で、家の前には市場があり、市場の中には乾物屋、魚屋、肉屋といった店があり、今では見られなくなった活気のある市場でした。小学生の頃は、その市場で毎日おやつを買って友達と公園で食べたり、同じ商店街に住んでいる友達の家で一緒に食べながら塗り絵をしたり、ゴム飛びをして遊んでいました。友達の家もスーパーやパン屋、くつ屋と商売を営んでいる家が多く、いつも子供たちだけ

で好きなことをして自分たちだけの遊びを発明していました。

近所の公園には桜の木がたくさんあって、春にはお花見の人で賑わったり、夏には盆踊り大会が催されたりしていました。その公園には大きな滑り台があって、大きな滑り台の下は子供が何人も入れる空洞になっていて、その空洞を洞窟に見立てて探検隊ごっこをしたり、そこで捨て犬や捨て猫を親たちには内緒で友達と飼ったこともあります。

ここまでの話を聞いて、あなたはどんな公園をイメージされましたか？　どんな滑り台をイメージしましたか？　私が滑り台の下で飼っていたのは、どんな犬、どんな猫をイメージしましたか？　できれば大きさや色などを具体的にイメージし、そのイメージを誰かに話すかメモに書き出してみてください。

私の体験談をあなたに聞いていただくのは、「イメージがつくり出されるプロセス」を理解するという目的があります。私が自分の体験談を話して、あなたが私の話を聞いているとき、頭に何らかの映像が浮かんだはずです。では、あなたの頭の中でイメージした公園は、私と同じ公園でしょうか？　違うはずです。それなら、あなたはどんな映像を思い浮かべたのでしょうか？　「自分が育った街にあった公園」や「自分が小さい頃に遊んだ

空白＝わからない

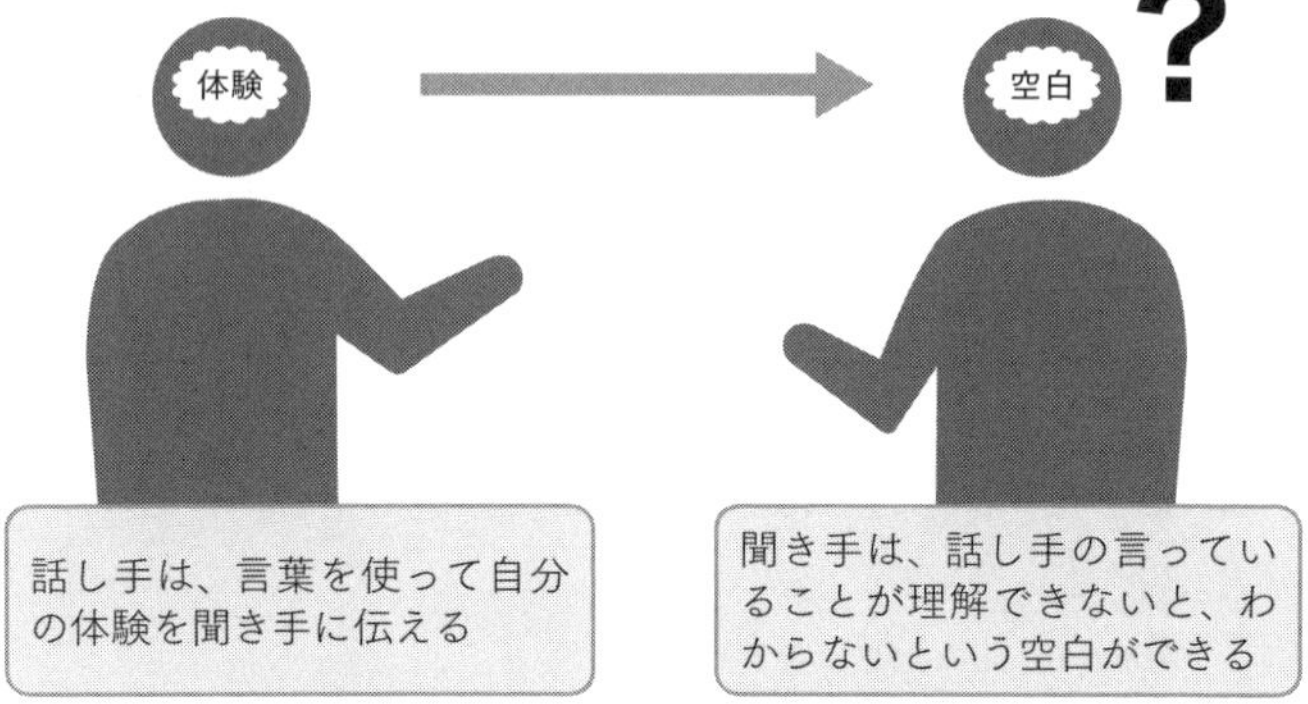
体験
空白
?
話し手は、言葉を使って自分の体験を聞き手に伝える
聞き手は、話し手の言っていることが理解できないと、わからないという空白ができる

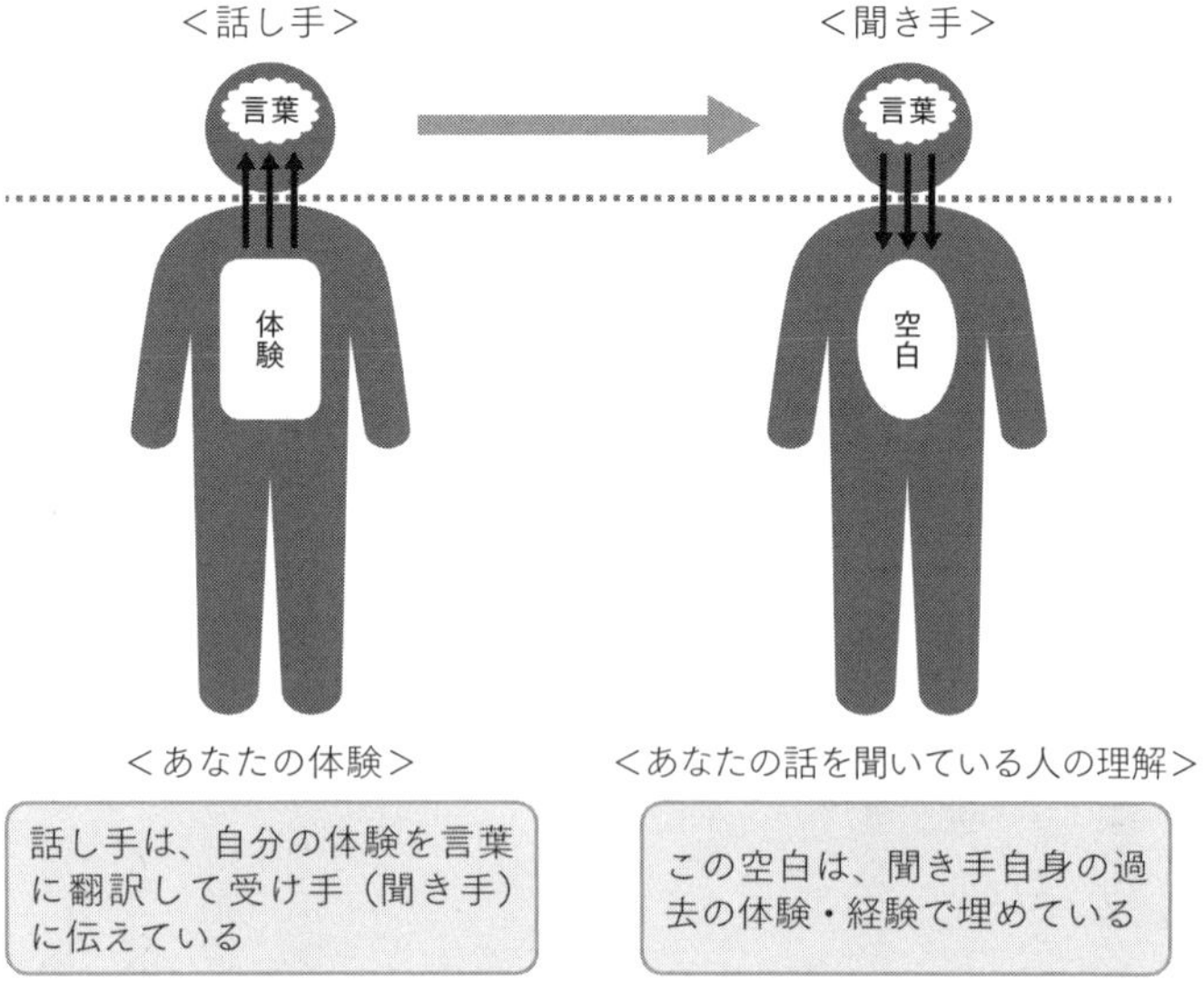
＜話し手＞
＜聞き手＞
言葉
言葉
体験
空白
＜あなたの体験＞
＜あなたの話を聞いている人の理解＞
話し手は、自分の体験を言葉に翻訳して受け手（聞き手）に伝えている
この空白は、聞き手自身の過去の体験・経験で埋めている

公園にあった滑り台」など、自分が実際に体験したことのある街や公園を思い浮かべていることがわかります。これが「イメージがつくり出される構造」です。私たちが誰かの話を聞いているとき、話している人の話を聞きながら自分が体験したことと結び付けて理解しているのです。

前ページの図のように、**私たちが何かを理解するときの土台となるものは過去の体験（記憶）です。**まず、私が自分の体験談を話すときには、私自身が幼い頃の何らかの体験を思い出しながら言葉を使って、私自身の体験を伝えています。

次に、私の体験談を聞いているあなたは、私の言葉を聞いて、「空白」を持つことになります。これは意識では捉えられないくらいきわめて短い時間です。そして、脳は空白を嫌います。私たちは、わからないことは危険で嫌いなのです。

たとえば、「あのドラマに出ていた、あの俳優の名前は何だっけ？」と俳優の名前が思い出せずにモヤモヤする状態だったり、初めての取引先や初めての職場に行くときに緊張してしまうのは、「脳は空白を嫌う」からです。話を元に戻すと、私の体験談を聞いたあなたは、主に自分が体験したことがある似たような体験を通して、私の話を理解することになります。実際に、この体験談を聞いた方々に、どんな公園をイメージしたか聞いてみると、小さい頃に住んでいたマンションの下にあった小さい公園や住んでいた街にあった池があるような大きな公園など、同じ話を聞いても空白を埋めるためにそれぞれがアクセスする記憶はまったく違うものでした。そして、このプロセスは無意識的に自動的に行なわれています。

人は、話を聞くと勝手に自動的に自分の体験（記憶）と結び付けてしまいます。脳は、わからない状態が恐いので、自動的に瞬時に空白を埋めようと、理解するために必要な記憶とつながります。

「わかっている」と「わからない」の違いは、コントロールできるかできないかです。よくわかないことは、コントロールできない状態であり、安心・安全を求める性質を持つ脳にとっては危険な状態です。

したがって、人間の脳は、よくわからない出来事に遭遇した場合、多くは自動的に記憶を総動員して理解しようとフル回転します。優れた作家や映画監督、プレゼンテーションが上手な人は皆、この原理を応用しています。わざと魅力的な「空白」を設けて、聴衆を引き込んでいきます。たとえば、推理小説はわかりやすい例のひとつです。どの推理小説も、「犯人は誰だ?」という空白から始まります。思わず時間を忘れて読んでしまう小説は、前半に小さな空白がいくつも現われます。そして、その空白がいくつか埋まったかと思うと、今度はさらに大きな空白が現われ、最終的に「ああ、やっぱり犯人はあの人だ」

と埋まりかけた瞬間に、また大どんでん返しで「えっ！ 何なに???」という大きな空白を埋めるようなストーリーが展開されます。テレビのドラマも、同じ原理が働いています。朝の連ドラは15分の間に毎回、主人公に何らかの問題が降りかかり、「次はどうなるんだろう?」といった場面で終わります。最後の所で視聴者は、「いったい次はどうなるんだ?」「早く知りたい！」という気持ちにさせられるのです。すると、次回が楽しみになり、それが毎日続くわけですから、いったん観てしまうとついつい観続けてしまい止められないという状態になります。この現象は、脳の性質に深い関係があるからで、人間である限り影響を受けてしまうのです。

話し手は、自分の頭の中にあるイメージを聞き手に言葉を使って伝えているのですが、イメージどおりに伝わるのではなく、聞き手の過去の体験（記憶）にすり替えられてしまいます。

私たちは、会話や読書において言葉を理解するときに、自動的に過去の体験（記憶）に結び付けて理解しています。コーヒーを飲んだことのない人が、コーヒーの味や香りを理解できないように、言葉の理解は過去の体験（記憶）が土台となっているのです。

5 ● できの悪い部下を責めることは自分を責めることにつながる!?

私たちは、基本的にひとつのことにしか意識を向けることはできません。同時に2つのこと、3つのことに意識を向けることはできません。たとえば、仕事中に新しいプロジェクトのことを考えながら、「今晩の夕飯は何にしょうか」と考えるとします。これは、新しいプロジェクトのことと夕飯のことを同時に考えているのではなく、新しいプロジェクトと夕飯のメニューの意識の切り替えが早いだけです。また、「楽しかった思い出と悲しかった思い出を同時に思い出してください」と言っても難しいと思います。

別の例で言うと、管理職になってからは、書店に行ったときや新聞の見出しの「女性リーダー」「働く女性」という文字や、あなたが40才前後であれば「アラフォー」という見出しが目に入ってきたり、街中でもバリバリ働くキャリアウーマンを見かける回数が増えたのではないでしょうか。または、自分が欲しいと思っているブランドのバックを持っている人が増えたような気になったりした経験がありませんか？　これは、私たちが関心のあることにしか意識を向けられないということを示しています。

このように、意識は一つのことしかキャッチしません。そうすると、私たちが自分に対して他人に対して、過去の体験（記憶）から被せているイメージ通りの情報をキャッチしてしまうということになります。先にも言いましたが、私たちはひとつのことにしか意識を向けることはできません。

そうすると、一度「こうだ」と思い込んでしまったことは、自分の思い込みを肯定しようと脳は働きます。「やっぱりね」「そうだと思った」「私の思った通り」という結果を脳が探してしまいます。自分が苦手だと感じている人に対しては、嫌悪感を抱くような情報がキャッチされやすくなり、好意を抱いている人に対しては、好感を抱くような情報がキャッチされやすくなるのです。

別の言い方をすると、**問題の原因は、「他人」や「自分」や「出来事」にあるのではなく、あなたが被せているイメージであると**言えます。なぜなら、一度「こうだ」と思い込んでしまうと、その思い込みに自分の意識が支配されてしまうからです。つまり、もう一人の自分である無意識に、自分自身が振り回されていたということです。これは、自分で自分を苦しめていると言えます。

自分が、「他人」や「自分」や「出来事」に被せたイメージによって、「苦しい」「悲しい」「辛い」と反応してしまい、自分が被せたイメージによって自分自身が苦しむのです。別

問題がつくり出されるプロセス

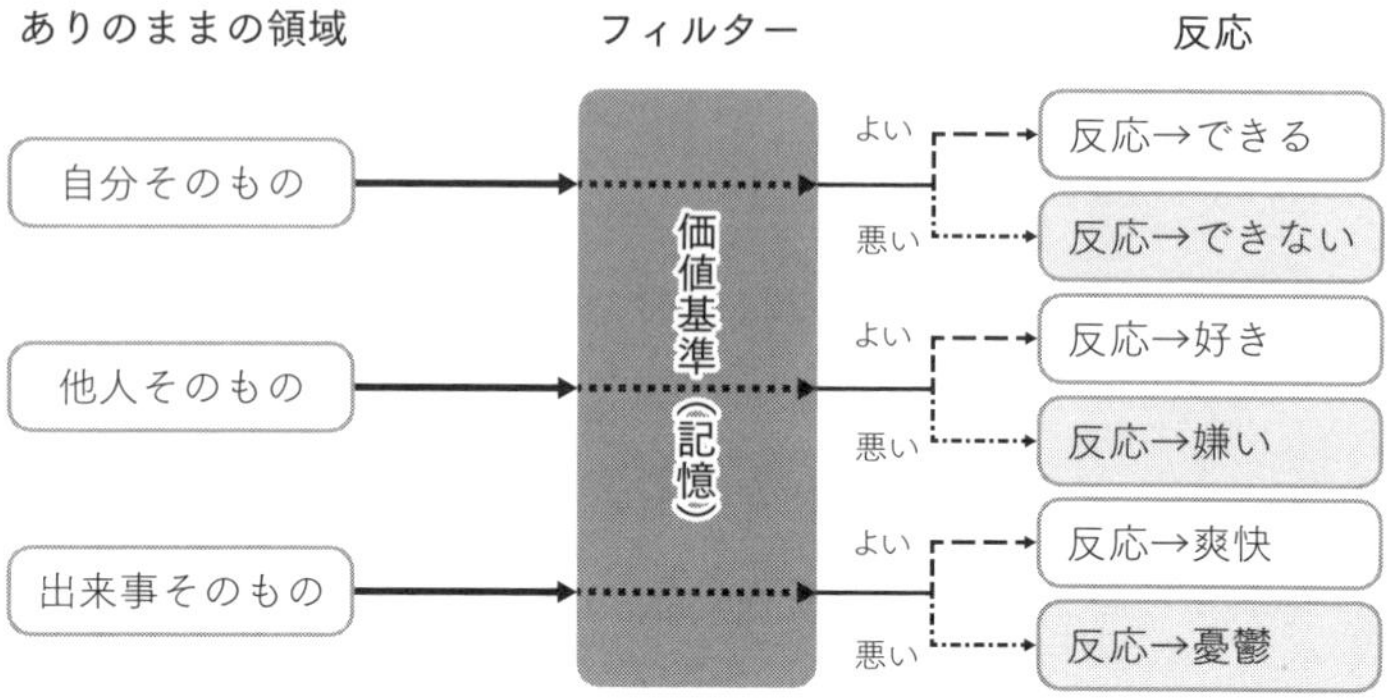

の言い方をすると、同じことがあっても、その人がどう受け止めるかで自分の反応が異なるということになります。プラスに受け止めれば、反応は「できる」「好き」「爽快」になって、ご機嫌でいられます。マイナスに受け止めれば、反応は「できない」「嫌い」「憂鬱」になり、不機嫌になってしまいます。

私たちは、毎日いろいろな影響を受けています。お天気ひとつとっても、受ける影響は人それぞれです。「雨が降っているから自転車に乗りたくないなぁ～」と雨が降っていることで憂鬱になる人もいれば、「雨が降っているから、洗濯しなくていいや。時間ができた。ラッキー」と喜ぶ人もいます。これは、お天気ひとつでも影響を受けてさまざまな反応をしているということになります。

また、同じことを言われたとしても、「〇〇さんって、何でひと言多いのかな～本当に腹が立つ！」と、批判と受け取ってイライラする人もいれば、「いいアドバイスをもらったな。○○さんありがとう」と、アドバイスと受け取って感謝できる人もいます。雨が降っていることで憂鬱になる人もいれば、気分が明るくなる人もいます。これは雨のせいなのでしょうか？　犬が嫌いな人もいれば、犬が好きな人もいます。たとえば、私が研修会場で子犬を放したとします、犬が好きな人は「何ていいサービスなんだ。癒されるな～」と感じる人もいれば、「何てひどいことをするんだ！子犬を放すなんて非常識だ！」と怒る人もいます。子犬は変わりません、違いは、起こっている反応が違うだけです。これは子犬が悪いのでしょうか？　すべて自分自身の価値基準で起こってくる反応が違うだけです。

ということは、何かがうまくいかなかったとき、「部下の○○のせいだ」「広告が出せないから、売上げが伸びないんだ」「上司の采配が悪いからダメなんだ」と、物事がうまくいかない理由を自分以外の何かのせいにしているこの行為は、**相手を責めているようで、自分を責めているのと同じ**になるのです。

6 ● 自分の「思い込み」でストレスまみれ⁉

前項でお伝えしたように、私たちは自分の心にあるフィルター（価値基準）を通して物事を見ています。

たとえば、あなたが長年つき合った彼氏と別れたとします。あなたは、「これからは、彼からの束縛もなく自分の時間がもてる。もっと優しい彼が見つかるかも♪」と、内心喜んでいたとします。そして、「これからは、自分のキャリアのために頑張ろう！」と、残業も惜しまず仕事に打ち込んでいると、最近、長年つき合った彼と別れたということを知っている同僚が、あなたが一所懸命に働いている姿を見ると、「あんなに仕事に打ち込んで、彼のことを忘れようとしているに違いない。まだ癒されていないんだわ。かわいそうに」となるかもしれません。

同じ花を見ても、自分の気持ちがよいときには、きれいに見える花も、気分がどん底なときは、はかなげに見えてしまったりします。

このように、私たちは、自分の心のフィルター（価値基準）を通して物事を見ています。

たとえば、上司に対して嫌悪感があり、攻撃的な思いを持っている場合は、上司を攻撃的な心のフィルターを通して見ます。すると、上司が自分に対しても攻撃的な思いを持っているように見えやすくなります。

そうすると、何か嫌なことがあって不機嫌な顔をしている上司を見ると、嫌なことがあったことを知らないあなたは、まるで自分に文句があって、不機嫌な顔をしているように見えたり、「私に文句があるんだ」「私のことが気に入らないんだ」と判断してしまうかもしれません。怒りが怒りを誘発してしまうのです。

上司への嫌悪感を癒すことで、攻撃的な心のフィルターを通さず上司を見ることができれば、「また、私に文句があるんだ」と自分の心の中で判断せずに、ただ、「不機嫌だなぁ」と、自分と相手とを切り離して、あるがままに見られるようになっていきます。

自分と相手とを切り離すだけでも、相手に感じる思いは変わっていき、ストレスの度合が違ってきます。同じように、罪悪感や嫌悪感などのネガティブな感情を癒してネガティブな投影をなくすことにより、相手への見方が変わっていきます。すると、相手は変わっていないのですが、自分が癒された度合だけ、ネガティブな感情というフィルターを通して相手を見ないので、相手が変わってきているように見えてきます。

そうして、相手が変わってきているように見えると、相手に接する自分の態度が変わっ

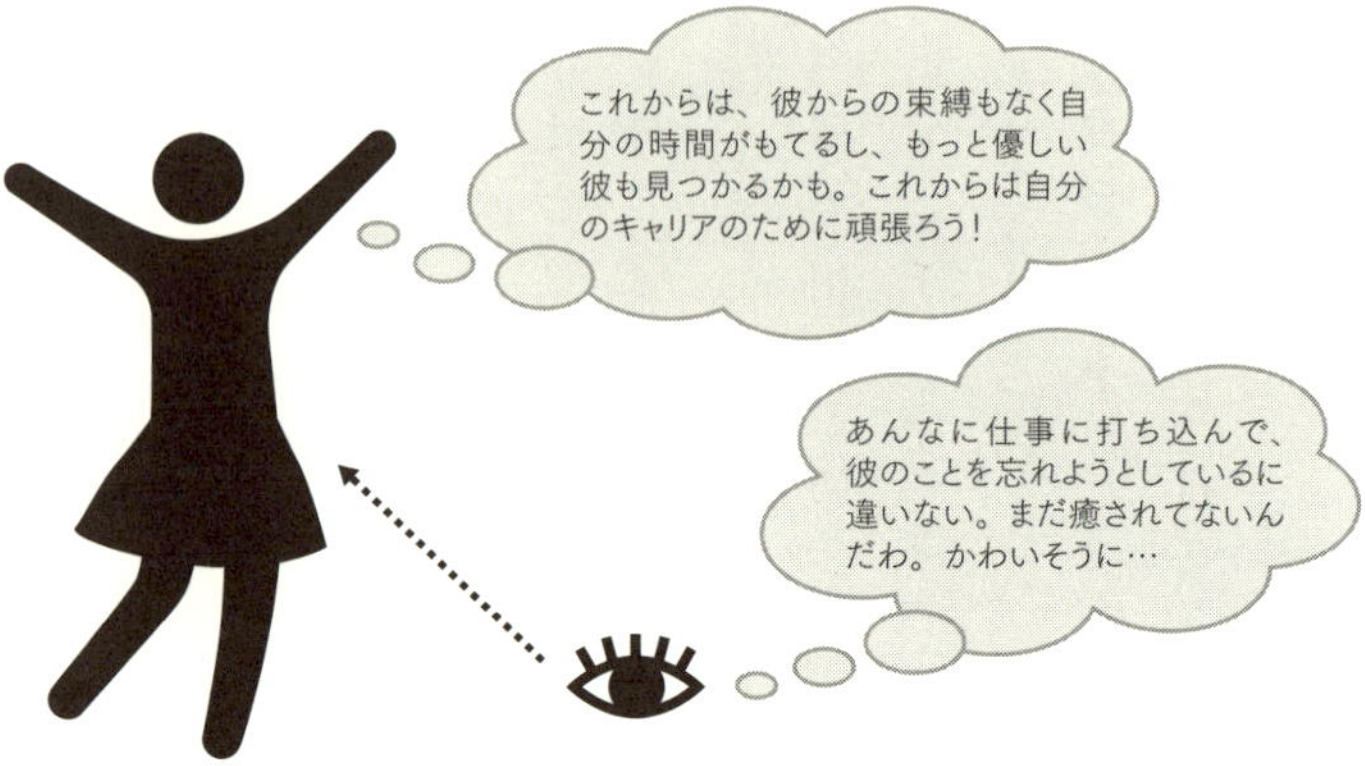

同じことを話しても人によって受け取り方はさまざま！

てきます。また、自分のストレスが軽減し、自分が変わっていく度合だけ、相手に寛容になれるので、相手に対しての態度が変わっていきます。変わった度合だけ、今まで腹が立っていたことも、許せるようになっていたりします。

そうすると、今までと違った態度や反応で接してくることに対して、相手の反応も変わっていきます。このように、自分が変わることによって、相手が変わったように見えるだけではなく、実際に相手も変わっていくのです。それは、自分が変わったことで、相手に影響を与えたと言えます。100%相手が変わるのか？　と言われると、そういうものではないと思います。でも、人には影響力があります。不機嫌な人が部屋に入ってくると、その人が何も言っていなくても不穏な空気を察知して、お気楽な雰囲気ではなくなります。

このように、よい影響力を与えることによって、相手がよい方向に変わっていく確率は高くなっていくはずです。相手がよい態度になってくると自分も楽になるし、うれしくなりますから、もっと相手によくしてあげたい気持ちに自然となってくるし、よくしてくれるから、相手も、またよい態度へと変わっていくというよい流れができてきます。自分が変わることで、相手が変わっていくことには、こんな理由があります。相手を変えようとすると、相手はコントロールを感じるので反発します。自分を変えることでも難しいわけですから、相手を変えることは、もっと難しいはずです。だとしたら、自分が変わること

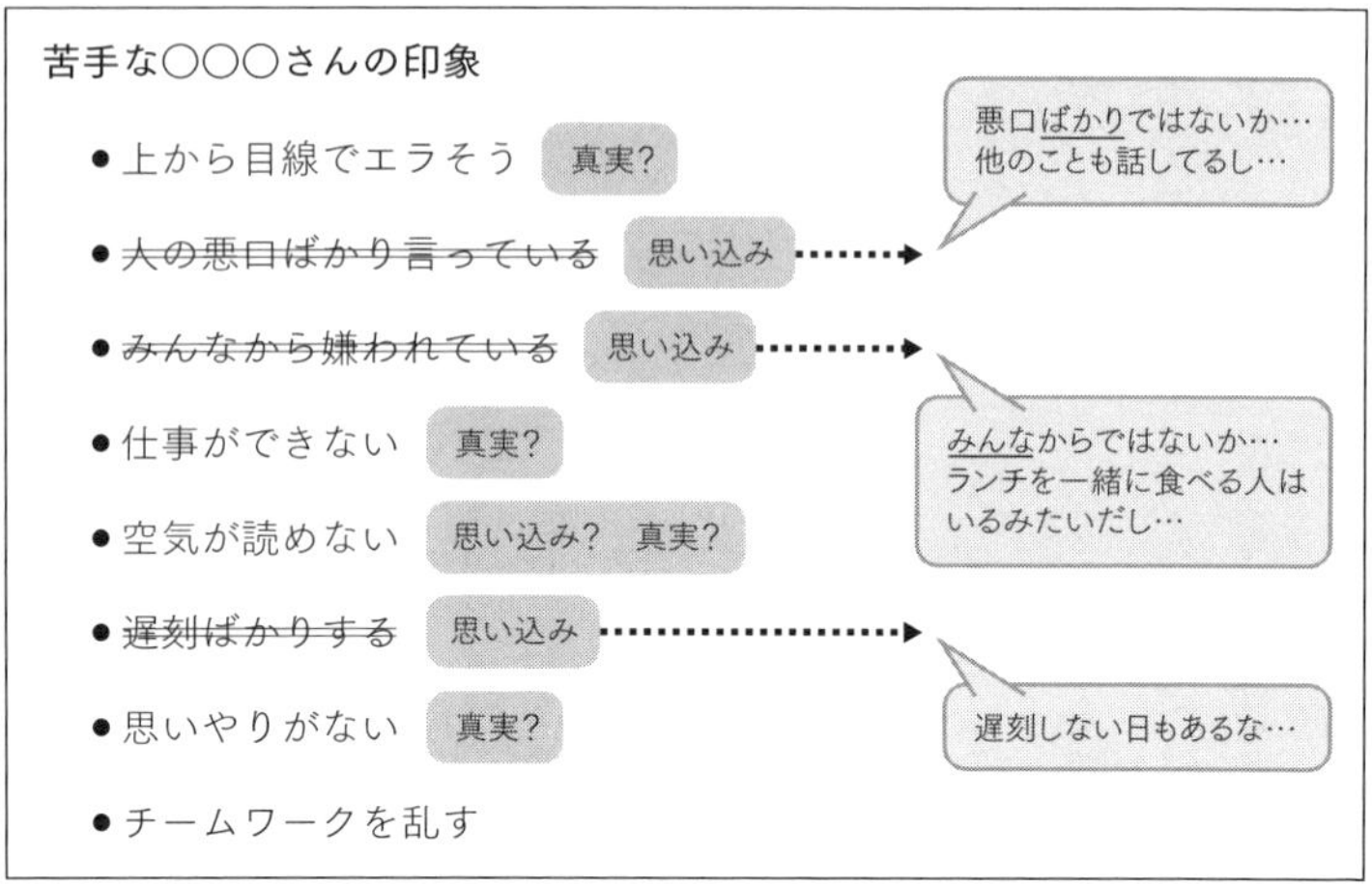

が、問題を解決するための早道になるのではないでしょうか。

みなさんの中には、部下や上司に失望しているという方もいらっしゃるかもしれません。逆に、自分自身に対して希望を見出せないという方もいらっしゃるかもしれません。しかし、それも「思い込み」です。その「思い込み」が私たちの状態に大きな影響を与えています。思い込みは、気づくことで緩めることができます。

ご自分の「思い込み」に気づくために、あなたが苦手に感じている特定の人を思い出しながら、その人の印象を書き出してみてください。この際、愚痴でも不満でも構いません。ご自分が思っていることをすべて書き出せたら、ご自分が書いたものを見直してみて

苦手な〇〇〇さんの印象

-
-
-
-
-
-
-
-

ください。そして、「真実」と「思い込み」に分けてみてください。

「真実」というのは、すべてのものに共通しているような普遍的なもので、「太陽が東から昇って西に沈む」は真実です。でも、「女性管理職はストレスまみれ」は真実でしょうか？　これは「思い込み」です。世の中には女性管理職としてイキイキと仕事を楽しんでいる人もいます。「あの人は意地悪」は真実でしょうか？　これも「思い込み」です。私達はよく、「あの人は短気な人だ」という表現をします。しかし、実際は、「短気な人」という人はいません。そんな一面だけの性格を持った人はいません。ある人からすると、「短気な人」でも、ある人からすると「情熱的な人」にもなれば、ある人からすると「集一面だけの性格を持った人はいない！

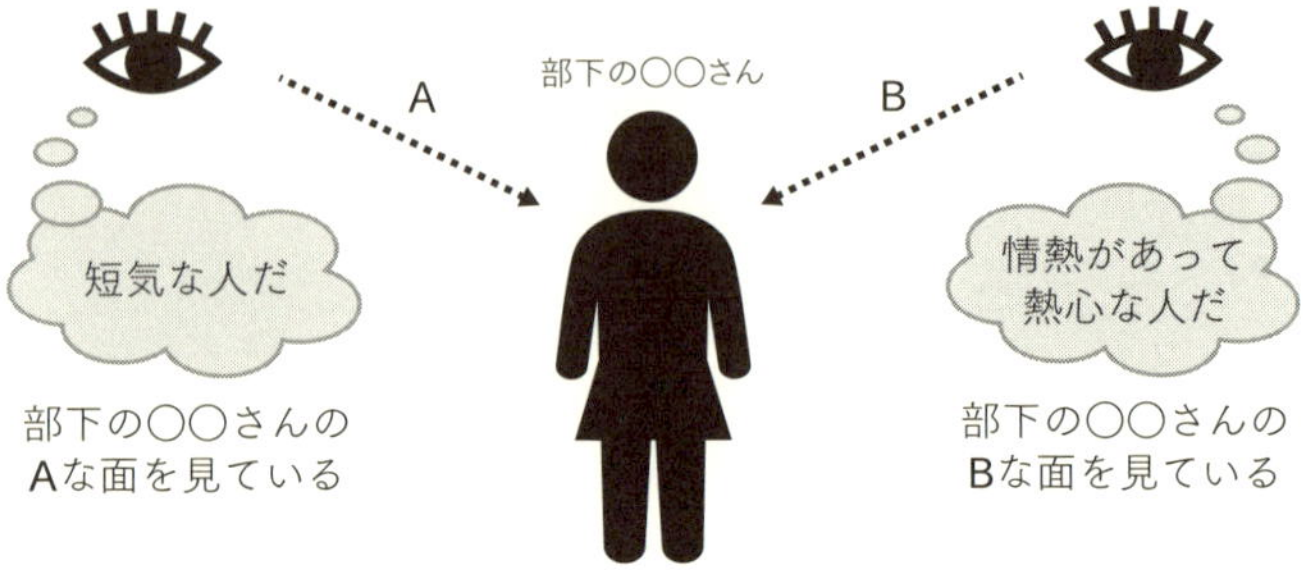

中力のある人」にもなります。どんな人でも、多様な側面を持っているのです。

あなたが頼りないと思っている部下も、家に帰れば奥さんからは頼られる存在かもしれません。あなたに口うるさい上司は、娘さんにとって優しいお父さんかもしれません。

あなたが「〇〇な人」だと思っているその人は、あなたのフィルター（価値基準）を通って〇〇な人と、あなたが見ているのです。そこに気づくだけで「思い込み」は外れ、対人関係で生じるストレスは軽減されるはずです。

2

人は他人から傷つけられることはない⁉自分で自分を傷つけている⁉

●なぜ、女性はいったん落ち込むとなかなか立ち直れないのか？

よく、男性と女性には違いがあり、感じ方や思考の仕方が違うと言われています。一般的に、女性は「察する」能力に長けていて、相手の声のトーンや表情のわずかな変化も見逃さず、変化に強く順応能力があると評されます。男性は、物事を客観的に捉えることができますが、相手の気持ちを察したり、表情の変化などを感じ取ることが苦手で、環境の変化に順応しにくいと言われています。

実際に、脳の機能に違いがあるようで、女性は感覚を司る右脳と論理的思考を司る左脳をつなぐパイプが太いため、一度に処理できる情報量が多いとも言われています。

そのため、ひとつの出来事に対して「拡大思考」しやすく、全然関係ないことでも自分と関連づけて考えてしまう傾向があります。その結果、一度落ち込むと、なかなか立ち直れない状態に陥りやすくなってしまいます。

「拡大思考」とは、今現在のことも、過去や未来にまで広げて考えてしまうのが「拡大思考」です。たとえば、上司に「今回は君のミスだよ。今後は気をつけなさい」と叱られた

右脳と左脳の情報量の多さが
女性特有の「拡大思考」を生み出してしまう

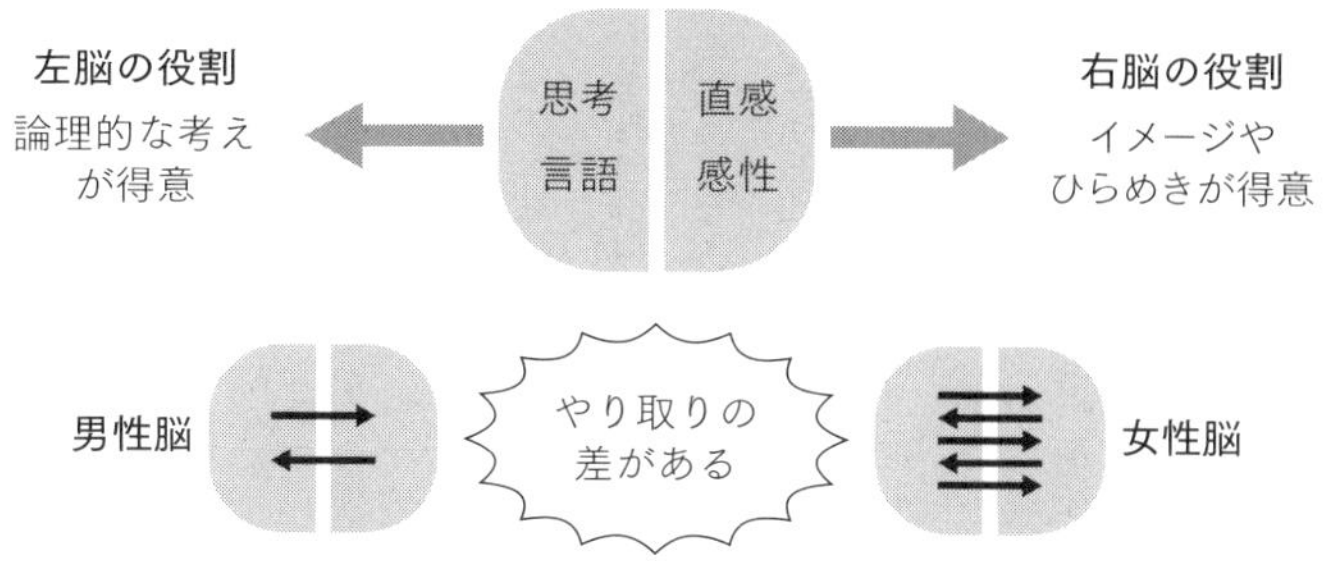

とします。すると、拡大思考の女性は「過去」「今」「未来」を勝手につなげてしまい、「○○部長は、今回のミスのことで、これからは私に仕事を任せられないと思っているんだ。以前、失敗したときから私、成長できていないんだ。私はダメなんだ……。きっと、○○部長もそう思っているんだ……」と絶望する。そして、本来関係のないことであっても自分と関連づけてマイナスにとらえてしまい、ひとつのマイナスの出来事を大きくとらえ過ぎてしまう傾向があります。

たとえば、「ランチのときに話が盛り上がらなかったのは、私がつまらないこと言ったからだ」や「○○部長の機嫌が悪いのは、今朝の私の挨拶の仕方が悪かったのかも……」と勝手に思い込んで落ち込んでしまう。一見、マイナス面ばかりが目立ちますが、このような思考をする人は責任感が強く、完璧主義である場合が多いのです。なので、能力も高く仕事もできるはずです。

でも、関係のないことまで責任を感じていたら、生きにくくなって当たり前です。単に「気にするな」と言われても、「過去」「今」「未来」をマイナスに思い出してしまいがちなのが、女性特有の「拡大思考」です。

「今」に集中することが、落ち込みから早い段階で抜け出すポイントです。女性の場合、脳の機能からしても「過去」「今」「未来」につなげて考えてしまう傾向にありますから、自分で「今のことだけ考えよう」と意識することから始めるのです。

「今」に集中できると、ストレスや悩みを追い出すことができます。追い出すというより、「今」に集中することができれば、不要な考えや不安や迷いといったストレスが入り込む隙がなくなります。でも、いったんストレスや問題を感じると「今」から瞬間で移動し、「過去」や「未来」のことについて考えを巡らせ、「1週間前のミスのことを言っているんだ」とか「これじゃあ、次のプロジェクトも任せられないと思われているんだ」と、勝手に「過去」「未来」の分析をすることに没頭してしまい、「今」に集中することができなくなってしまいます。

あなたが「過去」の出来事を思い起こして不愉快になったり、「未来」の出来事を予想して心配や不安を感じているとき、実はあなたは自ら、「今の幸せ」を拒否していると言えます。正確に言うと、**「今の幸せを感じなくなっている」**のです。

こう言うと、「上司に叱られているときに幸せなんて感じられない」と言われると思いますが、あなたは「今」を感じることができますか？　「今」この瞬間です。上司に叱られている「今」を感じることができますか？　昨日、上司に叱られたのであれば、それは過去のことです。今日の午前中に叱られたのであれば、それも過去のことです。5分前に叱られたのであっても、過去のことです。今、叱られてこの本を読んでいるのであっても、それは数秒前の過去のことです。そうです、人が「今」を感じるということは難しいことなのです。

私たちの脳は、1日4～6万回思考すると言われていますが、その4～6万回もの思考のほとんどを「過去」に起こった問題への後悔や「未来」に対する不安に費されています。また、「～さえあれば幸せになれるのに……」という未来に条件をつけているのも、あなたが自ら、「今」に幸せがないことを無意識のうちに固定化してしまっているのです。「～さえあれば幸せなのに……」には、「今、幸せでないから、～さえあれば幸せなのに……」と「今、幸せではない」を固定化してしまっています。

幸せというのは「今」を感じる心のあり方であり、「今」のあなたが満たされようとしない限り、「過去」にも「未来」にも幸せは訪れてくれません。

「今」が幸せだからこそ、「過去」に起こったどんなことでも「あれがあってよかった」と思えるのです。

「今」に集中し、「今」の感覚を味わい、「今」を楽しんで生きる習慣を身につけてください。

① 自分の「幸せ」の状態を想像してみる

たとえば、素敵な彼と一緒にハワイ旅行している自分。波の音を聞きながらワイキキビーチを散歩している。海が見える窓から、水平線に沈む真っ赤なサンセットを見ている。海辺の素敵なレストランで、ジュージューと焼けるステーキを頬張っているところなど、具体的に自分が「幸せ」と感じる状態を想像してみてください。どんな状態であれば「幸せ」なのかを紙に書き出してみるといいでしょう。そして、そのときに感じる「あぁ～幸せ」という感覚を十分に感じてください。

② 「あぁ～幸せ」という感覚を自分でコントロールする

幸せの状態を想像して、「あぁ～幸せ」だという感覚を覚えておいてください。5秒でも、30秒でも短い時間でもいいので、何度も繰り返し「あぁ～幸せ」という状態を自分でつくってみてください。

これを繰り返すことによって、脳は「今」が「あぁ～幸せ」なんだと錯覚するのです。

「今」が、何十にも何百にも何千にも重なった結果が「未来」です。「今」が幸せだからこそ、「未来」が幸せなのです。**「未来」を創造しているのは、「今」のあなただということを忘れないでください。**

2 ● 人は他人から傷つけられることはない!?

忙しい女性リーダーは、ストレスを抱えているけれど、それを解消するヒマもないまま、週末には溜まった家事をこなすことで手一杯となってしまい、ストレスを解消できずストレスをさらに抱えるといった悪循環を繰り返している人も多いはずです。それに、女性は昔あった不快な出来事をなかなか忘れることができないのも、ストレスを溜め込んでしまう要因になっています。ストレスで暴飲暴食に走ってしまって、気づいたら体重が増えていたということもよく聞く話です。実は、大半のストレスは「思い込み」であって、「真実」ではない場合がほとんどです。

「いやそんなことない！　私が仕事でミスしたとき、○○部長が『君に任せたのが間違いだった』って露骨に嫌な顔したもの！」や「新入社員の△△さんが、何回言っても同じ失敗をするから、毎日イライラするの！」と言った声が聞こえてきそうですが、ここでもう一度考えてみてください。1章でもお伝えしたように、「真実」というのは、すべてのものに共通しているような普遍的なもので、「東から太陽が昇って西に沈む」は真実です。でも、「女性管理職はストレスまみれ」は「思い込み」です。世の中には、女性管理職としてイキイキと仕事を楽しんでいる人もいます。このことを踏まえて、あなたのストレスの元凶を分析していきたいと思います。

たとえば、「仕事でミスしたとき、○○部長が『君に任せたのが間違いだった』って露骨に嫌な顔をされたこと」がストレスの原因だと思われているかもしれませんが、「仕事でミスをして部長に露骨に嫌な顔されたこと」はストレスの原因ではありません。この出来事があったときに、あなたが自分で自分に被せたイメージ（思い込み）がストレスの原因なのです。

「新入社員が、何回言っても同じ失敗をすること」で、あなたが毎日イライラしていても、新入社員の失敗がストレスの原因ではありません。新入社員の失敗によって、あなた自身があなたに被せたイメージ（思い込み）がストレスの原因なのです。つまり、この出来事が起こったとき、あなたは相手からどう思われていると「思い込んだ」のかなのです。

たとえば、部長に嫌な顔をされたことで「頼りないと思われた」「できない奴だと思われた」「任せられないと思われた」「同期の□□さんのほうが優秀だと思われた」「バカな奴だと思われた」などと「思い込んだ」と考えられます。「えっ！　だって、部長から嫌な顔されたのよ」と疑り深いあなたのためにもう一度解説すると、部長から嫌な顔をされて「超うれしい～♪」となる人は滅多にいないと思いますが、すべての人が、あなたのように落ち込むのかどうなのかなのです。新入社員が何回言っても同じ失敗をすることで、「新入社員が失敗ばかりするから、私ができない奴だと思われるじゃないの！」「何回、言っても言われた通りしないってことは、私のことを甘く見ているんだわ！」「あの新入社員は、私のことをバカにしているのよ！」と、あなたが自分で自分のことを見ていると言えます。

もっと単純に考えていこうと思います。ただ、シンプルに出来事だけとらえてみてください。この場合、起こった出来事は「部長から嫌な顔をされた」「新入社員が失敗した」だけです。誰も、あなたをバカにしたり、誰かと比べて劣っていると言ったわけでも、あなたは仕事ができないとも言っていません。では、誰が誰に言ったのでしょうか？

次ページの図のように、**あなたが自分で自分に対して思った、言ったこと**なのです。起こった出来事に対する意味づけで、自分の身体で起こる反応が「よい」のか「悪い」のかだけの違いです。

実は、**人は他人によって傷つくことはありません。自分で自分を傷つけるのです。**

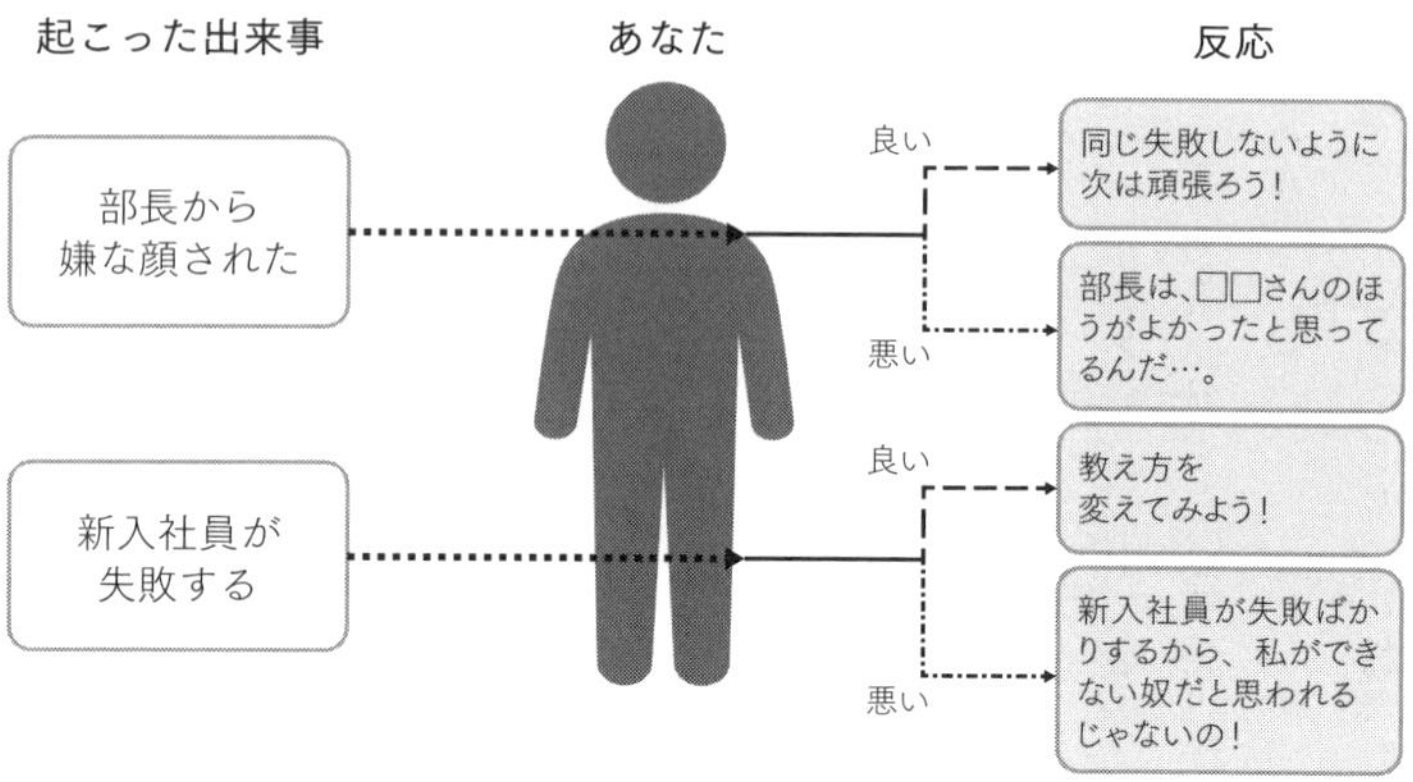

たとえば、１７０㎝ある背が高いことをコンプレックスに感じている女性に「チ～ビ！」と言うと、背の高い女性は傷つくでしょうか？　何を食べても太ることができない痩せている体形で悩んでいる男性に「デ～ブ！」と言ったところで傷つくでしょうか？　どちらかと言うと、１７０㎝の背の高い女性に「ノッポ」とか「でっけ～女だな」と言うと傷つけてしまうのではないでしょうか。痩せている男性には「ガリガリ」とか「ヒョロヒョロで折れそう」などと言うと傷つけてしまうのではないでしょうか。

　自分の「思い込み」は、自分にとっては「真実」

となってしまい、固定化されて気づきにくいものです。ここで、もっとも簡単で効果的な解消法をお伝えします。それは、「他人の意見を聞いてみる」ことです。あなたが、「この人が言うんだったら、そうなのかな……」「そんな意見もあるんだ」と「この人が言うんだったら間違いないかも……」と思える程度で構いません。そんな、会社の同僚や友人、ご家族に、こんなことがあって私はこう感じたんだけど、どう思う?　と聞いてみてください。たいてい、「それは考え過ぎじゃない?」「そんなの気にし過ぎだと思うけど」「そんなふうに考えるんだね。私だったらね……」と言ってくれるはずです。自分の「思い込み」は、本人にとっては「真実」でも、他人からすると「そうかな?」と思うことが多いものです。それを実体験できれば、自分の「思い込み」によって苦しまずにすみます。少し、勇気が必要な行動ですが、ぜひ試してみてください。

3 ● 自分に対する「信頼感」がレジリエンスを高める

私たちが、ふだん行なっているコミュニケーションを分解してみましょう。

他者とのコミュニケーションにおいては、次ページの図のようなAさんが言ったことをコミュニケーションとは？

意志疎通＝Aさんが言ったことをBさんが受け取って、
Bさんの言ったことをAさんが受け取る

Bさんが受け取って、また、Bさんが言ったことをAさんが受け取る、この状態を「意志疎通」と言います。

たとえば、ふだんから苦手だと感じている同僚から、「あなたが作成したこの資料だけど、フォントが小さくて見にくいわよ」と言われたら、あなたは、どう受け取りますか？　ふだんから苦手だと感じている同僚から言われたら、「あの人は、私に意地悪を言っているだけだ」や「フォントが小さくて見にくいのは、あの人だけの問題よ」になってしまうかもしれません。いくら正しいことを言われても、受け取り方としては、「あの人の言っていることは間違っている」とか、「私に意地悪している」になってしまい、素直に受け取れないことってないでしょうか。逆に、ふだんから好意を抱いている仲のよい同僚から、「あなたが作成したこの資料だけど、フォントが小さくて見にくいわよ」と同じことを言われたらどうでしょうか？　ふだんから好意を抱いている仲のよい同僚から言われたら、「じゃぁ、少しフォントを大きくしてみようかな。言ってくれてありがとう」や、違う意見を持っていたとしても頭ごなしに反論するのではなく、「そうかな？ フォントを大きくしたら全体のバランスが悪くなると思うんだけど、あなたはどう思う？」と自分の考えを素直に伝えて相手の意見にも耳を傾けることができるのではないでしょうか？

同じことを言われたとしても、受け取り方はまるで違います。極端に言うと、相手が間違っていたとしても、受け取り方としては、「全部は無理だけど、ここはできそう」という肯定的なとらえ方ができたり、「その考えもあるかもしれないけど、こっちのほうがいいんじゃないかな」と、冷静に自分の意見を伝えることができるのではないでしょうか。では、好意を抱いている人と苦手な人の違いはどこにあるのでしょうか？ 言っていることは同じです。

他者とのコミュニケーションにおいて何が大事なのかと言うと、話す内容よりも相手との「関係構築力」の方がもっとも重要視されるべきところなのです。AさんとBさんの間に「信頼関係」が築けていることが大前提です。

みなさんのチームに、何度注意しても同じ失敗をする部下はいませんか？ 同じ失敗を繰り返す部下を前にあなたは、「私は正しいことを言っている！ あの人が間違っているのよ！」になっていませんか？　あなたが、正しいことを言っていたとしても、それを受け取る側とあなたとの間に信頼関係がなければ、受け取ってもらえません。安心で安全だという環境を整えるというのは、リーダーシップのひとつです。安心できると相手を信頼して本音を言う、そうするとコミュニケーションの質が変わってくる。では、なぜ「信頼」というのが大事かということを考えていこうと思います。

「信頼感」という感情があります。初めて会った人でも、「あぁ、この人は信頼できるな」「この人の言うことは信じられるな」という感覚です。「信頼感」の反対は「不信感」ですが、この「信頼感」と「不信感」の感情が大事になってきます。なぜ、これが大事かと言うと、意識と無意識が大きく影響するのです。無意識下というのは、「直感」で感じることです。初めて会った人に対して、「この人は安全だ」とか「この人は安心だ」とか、「この人は危険だ」とか「この人は怪しい」と感じるのは無意識下の直感です。実は、「信頼感」も「不信感」も直感です。人間の感情と思考でいったら、感情のほうが強力です。とくに女性は、感覚を司る右脳と論理的思考を司る左脳をつなぐパイプが太いために、男性と比べると女性は感情のほうが優位です。

「信頼感」を相手に感じると「好き」か「嫌い」かの感情に分かれるとすると、「信頼感」＝「好き」、「不信感」＝「嫌い」になります。「信頼感」を抱くと相手に対して好感という「好き」という感情を抱き、「不信感」を抱くと相手に嫌悪という「嫌い」という感情が無意識の中で働きます。必ず、人は思考と感情でいうと感情が先に働きます。

そうすると、感情と紐づけられている意識が働くと、「好き」は「正しい」、「嫌い」は「正しくない」「間違い」といった思考が出てきます。人は、「好き」という感情を持ったら、その人が何を言っても「正しい」になるのです。でも、「嫌い」という感情を持ったとたんにいくら正しいことを言っても、どんなに正論だろうと、それは「正しくない」「間違い」になります。

だから、部下や後輩にどれだけ正論を言っても、正しい答えを言っても、「信頼」と「不信」のどっちかによって、受け取り方がまるで違ってきます。とくに女性は、感情が優位と言いましたが、あなたの周りにもいないでしょうか? 「なんで、この彼なの?」というダメダメな人を好きになる女友達っていませんか? いくら周りが「あの人はよくないから止めなさい」「あんな人とは別れなさい」と言っても、「ふだんは、だらしないけど優しいところもあって……」「本当はいい人なんだけど、今は仕事がうまくいっていないから……」と、その男性の正しさを主張してきます。この行為は、相手の男性に好意があって好きだからこそ、その男性のことを「正しい」と感じているということです。

人は、正しい人についていくのではありません。好感の持てる人についていきたいと思

うのです。ということは、他者に対しては「信頼感」がないと、何を言っても「正しくない」、どれだけ正論を言っても「間違い」なのです。これは、自分自身に対しても同じことが言えます。自分に対する「信頼感」です。自分を「信じる力」は、レジリエンスを高めるために不可欠な要素になるのです。

4 ● 自信がないことに自信たっぷりなのはなぜなのか？

本書を読まれて、「無意識」や「潜在意識」という言葉が出てきたとたんに、「怪しい」と思われた方がいらっしゃるかもしれません。実は、「怪しい」と思ってしまうのも「わからない」からです。

「わかっている」と「わからない」の違いは、コントロールできるかできないかです。よくわかないことはコントロールができない状態であり、安心・安全を求める性質を持つ脳にとっては、危険な状態です。「不安」なあなたや「嫌悪」のあなたが発動しているのです。

私自身、心理学の講座で「無意識」「潜在意識」などという話を聞いていて、「怪しい」と「不安」の自分が発動しました。

でも、ここで立ち止まって考えてみてください。あなたは「自信がないんです！」「無意識なんて信じられないんです！」と自信たっぷりに言っていないでしょうか？　自分では気づいていないかもしれませんが、信じないことに自信たっぷりです。この「信じない」を「信じる」に変えることができれば、自信は身につきます。自信とは自分を信じる力です。自分のことを、自分が信じるだけです。「信じるだけ」と言いましたが、これがなかなかできないのです。

落ち込んだ状態から立ち直れない理由のひとつに、「自信がない」「自信が持てない」が考えられます。

別の言い方をすると、自信がないから、「失敗したらどうしよう」「この先もうまくいくとは思えない」と、落ち込んだ状態から抜け出せないとも言えます。では、「自信がない」というのは、あったものがなくなったのか？　もともとなかったのか？　どちらだと思いますか。

「私は、今まで自信があったことなんてない」と言われる方もいらっしゃると思いますが、人間は生まれたときは自信たっぷりに生まれてきます。「大きくなれるかな〜」「立てる自信がない」と、不安でいっぱいの赤ちゃんを見たことがありますか？　実は、あなたも自信たっぷりに生まれてきたのです。でも、その後の成長のプロセスで自信をなくすきっか

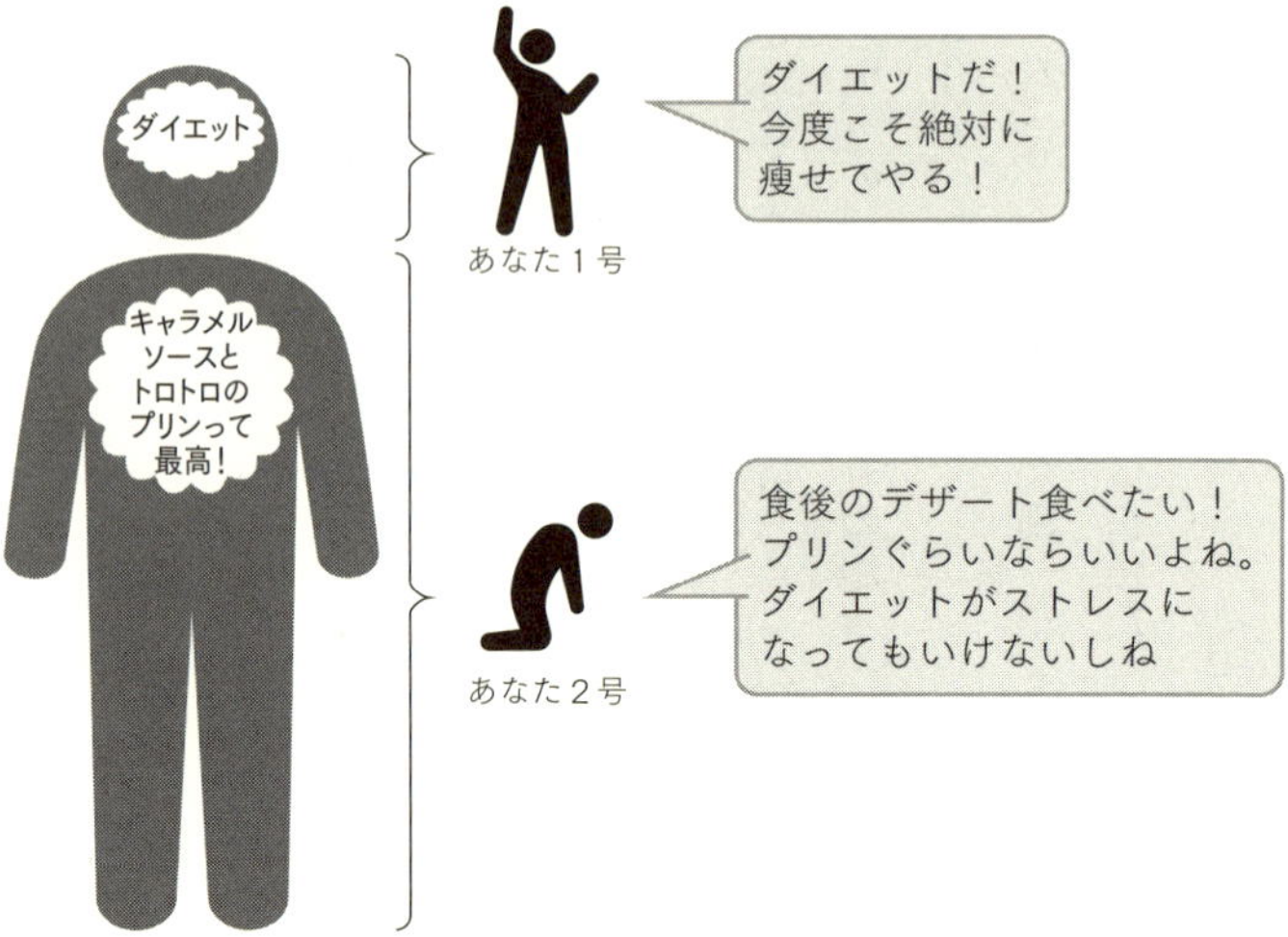
ダイエット
キャラメル
ソースと
トロトロの
プリンって
最高！
ダイエットだ！
今度こそ絶対に
痩せてやる！
あなた１号
食後のデザート食べたい！
プリンぐらいならいいよね。
ダイエットがストレスに
なってもいけないしね
あなた２号

けがあったと考えられます。１章でもお伝えしましたが、私たちは頭でわかっているができないということが多々あります。代表的なもので言うと、ダイエットは「今回は絶対に痩せてやる！」と頭では思っていても、新作スイーツを目の前にすると、ついつい手が出てしまうといったことや、頭では「こんなことでクヨクヨしてはダメだ。早く忘れよう」と思っていても、いつまで経っても忘れることができず、なかなか立ち直れない自分を責めてよけいに落ち込んでしまうということになります。頭でわかっていることを意識（顕在意識）、身体でわかっていることを無意識（潜在意識）。つまり、意識も無意識も両方とも自分自身のことなのです。

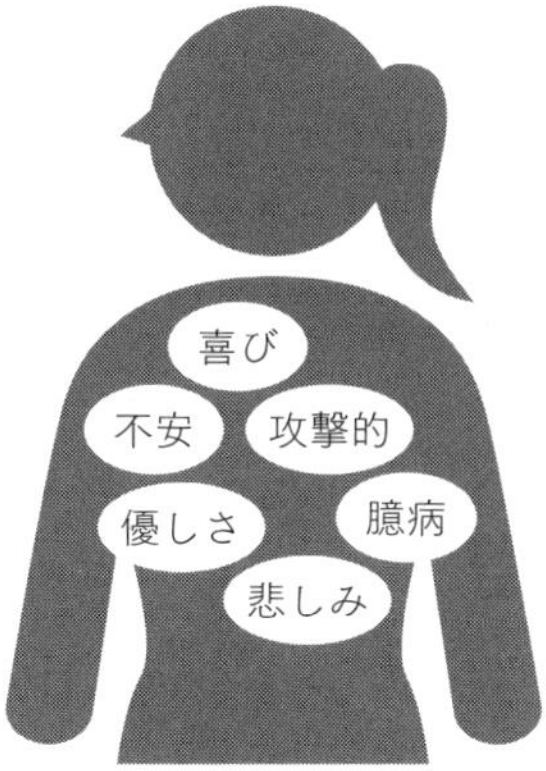

実は、無意識には一人だけではなく、いろいろなあなたが存在します。どんなあなたかと言うと、「優しい」あなた、「攻撃的」なあなた、「天真爛漫」なあなた、「臆病」なあなた、「不安」なあなたなどなど、いろいろなあなたが存在しているのです。それこそ、喜び、悲しみ、怒り、諦め、驚き、嫌悪、恐怖など、感情の数だけさまざまなあなたが存在していることになります。

一見、「臆病」な自分や「攻撃的」な自分、「不安」な自分など、マイナスな自分はなくなったほうが常に前向きでいられていいのではないかと考えがちですが、マイナスな自分にも大きな役割があります。

たとえば、大きなプレゼンの前は「不安」な自分が発動して、「失敗したらどうしよう」と不安になり、もう一度、資料を見直していると数値のミスを見つけて、資料を修正することができてプレゼンを成功させた、昇格試験のときなどは「攻撃的」な自分が発動して、「絶対に、同期の○○さんには負けたくない」と自分自身を奮起して頑張ることができたりするのです。

つまり、一見マイナスな感情であっても、あなた自身を守るために存在しています。マイナスの自分も、自分を守るために発動するのです。ここでお伝えしたいことは、マイナスの自分が発動したら、否定せずにいったん受け止めることです。そして、冷静に自分がどうしたいのか、どんな結果がほしいのかを考えて素直に行動に移すことです。あなたが「自信がない」と感じているのなら、自分に起こっている感情を見つめてみることから始めてください。

5 ● 価値観の洗い出し

「自信」というのは、「自分を信じる」と書きます。逆に言うと、「自信がない」＝「自分を信じていない」と言えます。自信のない人に共通しているのは、自分の意識が、常に自分以外の誰かに向いていることです。「失敗して同僚にバカにされたら……」「部下は私のことを頼りないと思っているに違いない」「ここを注意して嫌われたら……」と、自分以外の他人の顔色を伺ってしまっています。

その結果、「人とうまく付き合えない」「言いたいことが言えない」「業績が上がらない」「自分がしたいことがわからない」「自分の将来が不安」「自分自身が嫌い」「どうせ、私なんて……」となってしまいます。

少し調子のよいときには、「もしかしたら、できるかも……」と思えたとしても、すぐに自己防衛してしまい、「でも、やっぱり私には無理よね」と、自分で自分を否定してしまいます。他人にどう評価されるのかを気にして、自分で自分を否定して、さらに自信喪失してしまうという負のループです。

自己否定は、自分を批判する声「どうせ、私なんて……」「私には無理だ」という「心の声」によってどんどん強化されてしまいます。つまり、あなたの「心の声」のボリュームを下げることが、自己否定を緩める鍵になります。ここで間違ってはならないのは、自己否定してしまうのにも理由があって、自己否定も自分を守るための手段なのです。

ですから、「自己否定してしまう自分はダメなんだ」ではなく、「自己否定しているのが自分なんだ」と、まずは受け止めることです。自己否定を否定してしまっては、さらに自己否定が強化されてしまいます。

自己否定してしまう理由のひとつは、自分のメンタルを守るための自己防衛反応です。

自己否定することで、自分自身を守っているのです。たとえば、何か問題が降りかかったとき、無意識がその問題を抱えきれないと察知すると、問題と向き合うことを回避するために、「私には無理だ」と自己否定する場合です。

自己否定とは、自分のメンタルを正常に保つための「防衛本能」でもあります。でも、過剰に自己否定してしまうと、自分が自分自身を否定しているということは、自分が設けた価値基準が高すぎて許せないわけですから、他者に対しての否定も強くなり、他者との人間関係が築けなくなってしまいます。実は、自己否定が強い人が完璧主義になりやすいのです。

自分は、何でもできなければならない、失敗してはならないと考える完璧主義の人は、失敗やトラブルがあったときにひどく落ち込みやすく、ネガティブなことを考える傾向があります。また、自分が持つ完璧なイメージにとことん近づくために努力を惜しまず、人の意見や評価に影響され、「自分はこうあるべき」という姿を目指します。そして、他人にも完璧を求めます。

その結果、思うようにいかなくなったときにストレスを感じるのです。日常生活で自分自身が設けた、「これで完璧」といった状態は難しいと考えると、完璧主義の人は常にストレスを感じている状態と言えます。そして、完璧主義の人は、他人に弱みを見せることができない傾向があります。人前で泣くのは絶対に避け、悩みがあっても打ち明けたり、他人に助けを求めることができません。さらに、人に負ける自分を許さないため、常に人と競い、勝とうとします。

このような生き方をしていれば、当然息苦しくなり、さまざまな症状が心身ともに表われます。一番よい対策としては、症状が出る前に他人に助けを求めたり、自分に優しくする習慣をつけることです。自分に優しくできるようになれば、他人にも優しくすることができるようになります。

ただし、完璧主義の人に対して、「自分に厳しすぎるんだから、もっと自分に甘くしたら？」と伝えても、「自分に甘いのはダメ！」と言ってアドバイスを受け取らない人が多いのです。そもそも、完璧主義になりたくて完璧主義になった人はいないはずです。

知らず知らずのうちに、「これではダメだ！ もっと頑張らないと！」と自分自身に叱咤激励して頑張ってきた結果、周りから評価を受けてさらに「もっと、もっと頑張らないと！」と頑張ってきた人が多いはずです。「もっと、もっと頑張らないと！」と考えて頑張ることはすばらしいことですが、完璧を求めすぎた結果は決してよいものではありません。完璧主義のあなたが求める完璧は、本当に他人に求められているものでしょうか？

完璧主義の人は、自分のフィルター（価値基準）に気づいてゆるめるところから始めてく

価値観の洗い出し

- □ 人を傷つけてはならない
- □ 誠実であるべきだ
- □ 仕事ができなければならない
- □ 人から好かれなければならない
- □ 人に迷惑をかけてはならない
- □ まわりに合わせなければならない
- □ 失敗してはならない
- □ 優秀でなければならない
- □ 人の悪口を言ってはいけない
- □ 自分は劣っている
- □ 空気を読まなければならない
- □ 女性らしくしなければならない
- □ 人と同じでなければならない
- □ 私が我慢すると上手くいく
- □ 人には優しくしなければならない
- □ 遅刻してはならない
- □ お金のことは言ってはいけない
- □ 自分がされて嫌なことは他人にしてはいけない
- □ 恥ずかしいことはしてはいけない
- □ 弱い人間はダメだ
- □ 子供をカワイイと思わなければいけない
- □ 人に優しくしなければいけない
- □ 人に頼ってはいけない
- □ 人に弱いところを見せてはいけない
- □ 人に怒ってはいけない
- □ 幸せだと言ってはいけない
- □ 人に負けてはいけない
- □ 愛想よくしなければいけない
- □ 弱い自分はダメだ
- □ 約束を守らなければいけない
- □ 自分の都合で予定を変えてはいけない
- □ 自由であってはいけない
- □ 誰からも愛されなければならない
- □ 人に嫌われてはいけない
- □ 仕事を失敗してはいけない
- □ 天真爛漫に振る舞ってはいけない
- □ ものわかりがよくなければならない
- □ 頑張らないといけない
- □ 我慢しなければいけない
- □
- □
- □
- □
- □

ださい。まず、価値観の洗い出しをチェックしてみてください。

たとえば、「人を傷つけてはならない」、「誠実であるべきだ」、「仕事ができなければならない」、「人から好かれなければならない」、「人に迷惑をかけてはならない」といった考え方の、「〜ねばならない」、「〜であるべき」というガチガチに締め付けた考え方を少し緩めて、心にゆとりを持てるようにしてみてください。

「人を傷つけないほうがよい」、「誠実なほうがよい」、「仕事はできたほうがよい」、「人から好かれたほうがよい」、「人に迷惑をかけ

ないほうがよい」といったように、「～のほうがよい」と、少し考えを緩めて表現するのです。できれば、声に出して読みあげてみてください。人は、心を張りつめて頑張っていると、自分自身でストレスを作り出す結果となります。

そこで、それを緩めてあげると、逆に心にゆとりが生まれてくるのです。「～のほうがよい」と考えてみてください。そう考えるだけで、心にゆとりが生まれて楽になってくるはずです。

6 ●「やっぱりね保険」を解約する方法

1章「6．自分の「思い込み」でストレスまみれ!?」でもお伝えしましたように、自分でつくってしまった「思い込み」が、自分の状態に影響を与えています。つまり、自分自身に対しても、「どうせ、次もうまくいくわけがない」「また失敗するに違いない」というフィルターをかけてしまっているのです。ここでは、どうしてこんなフィルターをかけてしまったのかを考えていきましょう。

あなたが苦手だと感じているものや事柄を思い出してみてください。たとえば、食べ物

問題が作り出されるプロセス

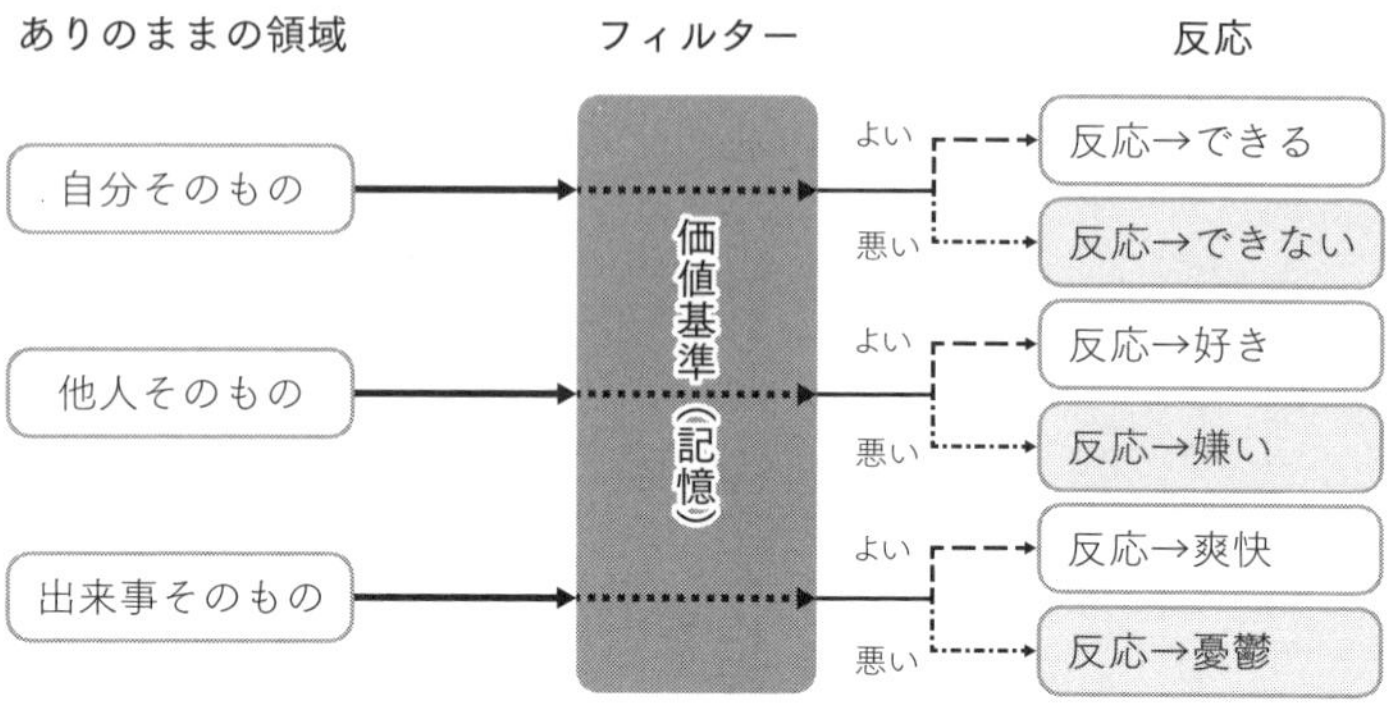

であれば牡蠣が苦手だとか、場所であれば高い所が苦手だとか、人であれば威張っている人が苦手だとか、あなたが苦手だと感じるものや事柄を考えてみてください。それでは、次にそれらが苦手になった経緯を思い出してみてください。食べ物の牡蠣であれば、過去に食べたときに食あたりになった経験があって、そのときに辛い目にあったからとか、高い所が苦手な人は、幼ない頃にジャングルジムから落下して恐い思いをしたとか、威張っている人が苦手だという人は、初めてアルバイトしたお店で威張っている店長に意地悪された経験があるとか、苦手になった経緯を思い出してみてください。

　あなたが苦手だと感じている物や事柄は、過去に辛い思いや恐い思い、あるいは嫌な思いをした経験があるから、苦手だと感じていると考えられます。実際に、牡蠣なんかはわかりやすいと思います。大好きだった人でも、一度でも食あたりにあうと食べられなくなるケースが多くあります。

苦手だという価値観（記憶）のフィルターができてしまったのだと考えられます。そして、苦手という価値観（記憶）を通して見るので、牡蠣が苦手、高い所が苦手、威張っている人が苦手だと思っているということになります。

小学校の頃は、目立ちたがり屋で積極的だった子供でも、高校生くらいになると人見知りで消極的になり別人になってしまうということがあるのは、成長していく過程で親や先生から「落ち着きなさい！」と叱られて嫌な思いをしたり、友達の前ではしゃいでいる姿を「恥ずかしいから止めなさい」などと親から言われたりすると、大人はそんなつもりで言ったわけではなくても、「恥ずかしい」だけを受け取ってしまうと「大きな声を出すのは恥ずかしいんだ」「大きな声を出すと怒られるんだ」と消極的な人になってしまいます。

別の例で言うと、何かの懸賞に当たって、一瞬は「ラッキー」と胸が躍っても、急な雨に降られたりすると、「あんな懸賞で運を使ってしまった」となれば、「人の運は限られている」や「よいことばかりは続かない」といった、自分独自のルールを作ってしまいます。これは、よくも悪くも自分独自の条件付けを作ってしまったのです。どんな条件付けがあるかと言うと、「よいことばかりは続かない」「何かを犠牲にしないと成功できない」「ジ

「やっぱりね保険」解約方法

①どうなっているのか？ ➡	
②その時に周りに見えるものは？ ➡	
③何が聞こえる？ ➡	
④どんな気持ち（感情）？ ➡	

ンクスを破ると悪いことが起こる」「今回もうまくいくはずがない」「どうせ、私なんて認められない」など、失敗したときの落ち込みを緩めるために自分の心に「やっぱりね」という保険を無意識でかけている状態です。ですが、この「やっぱりね保険」を前もってかけてしまうから、「失敗」を繰り返してしまうとも言えます。

この「やっぱりね」という保険は、無意識で条件反射的にかけてしまうものですから、「やっぱりね保険」をかけてしまったら、「もし……」「……かも」を上書きしてください。「もしかしたら」「かもしれない」と考え、「今回のプレゼンはうまくいくかも」「もし新規契約できたら昇格できるかも」「上司に認められるかもしれない」と「もし……」「……かも」と上書き保存するのです。

ここで大事なのは、「もし」「かも」と意識的にプラスにするのですが、「プレゼンがうまくいった」「新規契約ができた」「昇格できた」「上司に認められた」のイメージを、五感を使ってできるだけ具体的にして、プラスの身体感覚を感じることです。

そこで、①～④に当てはめて考えてみて下さい。①どうなっているのか?　②そのときに周りに見えるものは?　③何が聞こえる?　④どんな気持ち（感情）?

私たちは頭でわかっていることでも、実現するのは身体感覚で受け取ったことでした。**脳は、一番最後に意識したものを現実化しようと働きます。**なので、最後に意識したものを現実化しようと、それに見合った出会いや情報に意識がフォーカスしやいのです。その分だけ、あなたのやりたいことや願いが叶いやすいと言えるのです。

3

レジリエンスが
低い人は
小さい箱の中で
グルグル
回り続けている⁉

1●人間は死亡率100％　～小さい冒険を楽しむ～

ここからは、レジリエンスを高めるために具体的に何をどうしていくのかをお伝えしていきたいと思います。1章の「4.「わかる」＝安全、「わからない」＝危険」でお伝えしました通り、私たちの脳はわからない状態は危険だと察知して、自動的に瞬時に理解するために必要な記憶とつながります。

「わかっている」と「わからない」の違いは、コントロールできるかできないかです。よくわかないことはコントロールできない状態であり、安心・安全を求める性質を持つ脳にとっては、危険な状態と言えます。この脳の性質でもわかるように、私たちは、「わからないこと」に対しては危険だと察知し、不安や恐怖を抱き回避しようとします。

たとえば、職場で考えると、別のプロジェクトチームから、聞いたこともない新しいプロジェクトの話がミーティングで発案されたとします。すると、「言うのは簡単なのよ！そんなことうまくいくはずないじゃない！」と反応してしまうことはないでしょうか？

これは、まさに「わからないこと」に対する不安や恐怖からくる反応です。

自分の考えや思いの箱の中で
同じ場所でグルグル回り続けている

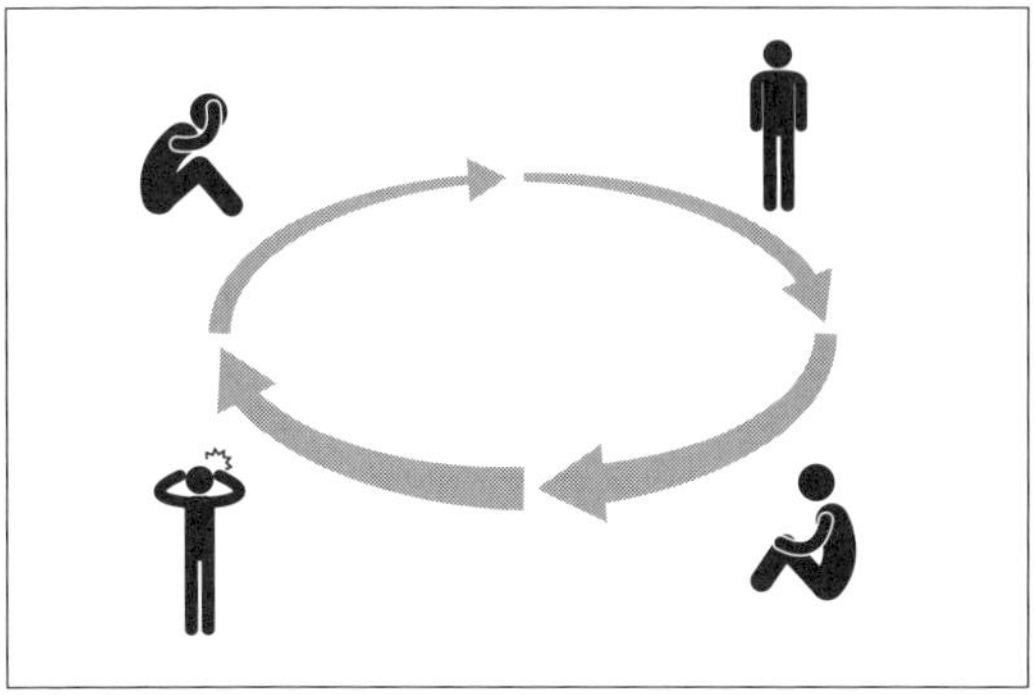

では反対に、「そうそう。そうよね」と相手の意見や思いに共感できるときは、どんなシチュエーションのときでしょうか?

脳の性質から言っても、自分が「わかっていること」には、素直に共感でき同意できるのです。会社の会議でも、セミナーを受けても、本を読んでも、自分の考えや思いに似ているような、補ってくれるような話だと受け入れやすく、すんなり共感できて同意できるということです。

でも、これでは自分の価値観の範囲内でしか物事の判断ができず、視野が限られてしまいます。自分の考えや思いの箱の中で同じ場所をグルグル回り続けることと同じです。

別の言い方をするなら、今の自分のまま何も変わらず成長できないということになります。もちろん、自分の考えや思いの外には出ないわけですから、失敗することはないかもしれません。でもこれでは、失敗を糧にした成功という有益な体験が一度もできないことになります。

「失敗＝嫌なこと」となっている場合、たしかに失敗すると嫌な思いをするし、未来に対して不安になったりするかもしれません。ですが、よく考えてください。何もチャレンジしないまま、歳をとってあなたが生涯を閉じるとき、「何も後悔のない人生だった」と言えるでしょうか？　これは、大げさな考えかもしれませんが、実際にアメリカで90歳以上の高齢者を対象としたアンケートでは、対象者のおよそ9割以上が「人生で後悔したことは？」という質問に、「冒険をしなかったこと」と回答したそうです。

あなたも、いつか人生の幕を閉じるときがきます。断言しますが、あなたも私も、いつか死にます。残念ながら、人間は死亡率１００％です。今のあなたの状態のまま一生を終える瞬間を想像してみてください。どうです？　「いやぁ〜、やり残したことはないわ」と言えますか？　どんなにチャレンジングな人生を生きてきた人であっても、少しの後悔もなく人生を終えるというのはとうていムリなことかもしれませんが、考えてみてください。今のあなたの考えや思いのままで本当にいいのかどうか。

あなたは、「いつか、状況が変わるはず」「いつかは、会社も私を認めてくれるはず」「いつかは、よいことが起こるはず」と、ぼんやりとした空想のようなものを期待しているのかもしれませんが、これは10代の女の子たちが「いつか、イケメンと結婚して幸せになる！」とウキウキさせながら言っている状態と同じです。このフワフワした不確実なことにウキウキして、「いつかイケメンが現われて幸せになる！」と言っている10代の女の子たちとあなたは違うはずです。もっと、建設的な考えができる大人の女性リーダーのはずです。

そこでまず、あなたに実行していただきたいのは、「やらないことを決める」です。あなたの日常で、「あぁ～またやってしまった」「時間の無駄だってわかっているのに……」「この時間を語学勉強に充てられたらいいのになぁ～」と感じる時間や事柄を考えてみてください。

頭だけで考えていると浮かびにくいと思いますので、ある一日を決めて書き出してみることをお勧めします。ご自分でも気づかないうちに、習慣になっているものが必ずあるはずです。無意識で習慣となっているものを、意識で「やらない」と決めて実際に止めてみるのです。

あなたの習慣となっていることを、**①やめるべきこと** **②必要なこと** **③どちらでもよいこと** **④1ヶ月後に検討すること** に区別してみてください。いったん止めてみて、「やっぱり止められない」となれば、再開してもOKですし、止められたら儲けものぐら

あなたの一日

①やめるべきこと　②必要なこと　③どちらでもよいこと　④1ヶ月後に検討すること

午前	

午後	

いの感覚で気軽にまずは始めてみてください。

ここで大切なのは、新しいことにチャレンジしてみるといったことです。それも、今の習慣にプラスして新しいことを始めるのではなく、今やっていることを止めてみるという挑戦です。実は、人の心理として今の習慣にプラスした方が、心理的負担は軽く簡単なことなのです。今やっていることを止めるほうが、ハードルが高くなるのです。それは、止めた結果が「わからない」からです。新しいことをプラスして、それが続かなかったとしてもさほどの変化はありません。

何度も言いますが、**人間は死亡率100%です。ぜひ、小さな冒険を楽しんでください。**

2 ●「思考グセ」を矯正する

「でも、そんなことを言っても、失敗すると嫌な思いをするじゃない！」と、まだ「でも……」と思っているあなたにお伝えします。1章の「5．出来の悪い部下を責めることは自分を責めることに繋がる⁉」でもお伝えした通り、自分が、「他人」や「自分」や「出来事」に被せたイメージによって、「苦しい」「悲しい」「辛い」と反応してしまい、自分の被せたイメージによって自分自身が苦しむのです。

なので、同じことがあっても、その人がどう受け止めるかで自分の反応が異なるということになります。プラスに受け止めれば、反応は「できる」「好き」「爽快」になって、ご機嫌でいることができます。マイナスに受け止めれば、反応は「できない」「嫌い」「憂鬱」になり、不機嫌になってしまうのです。

問題が作り出されるプロセス

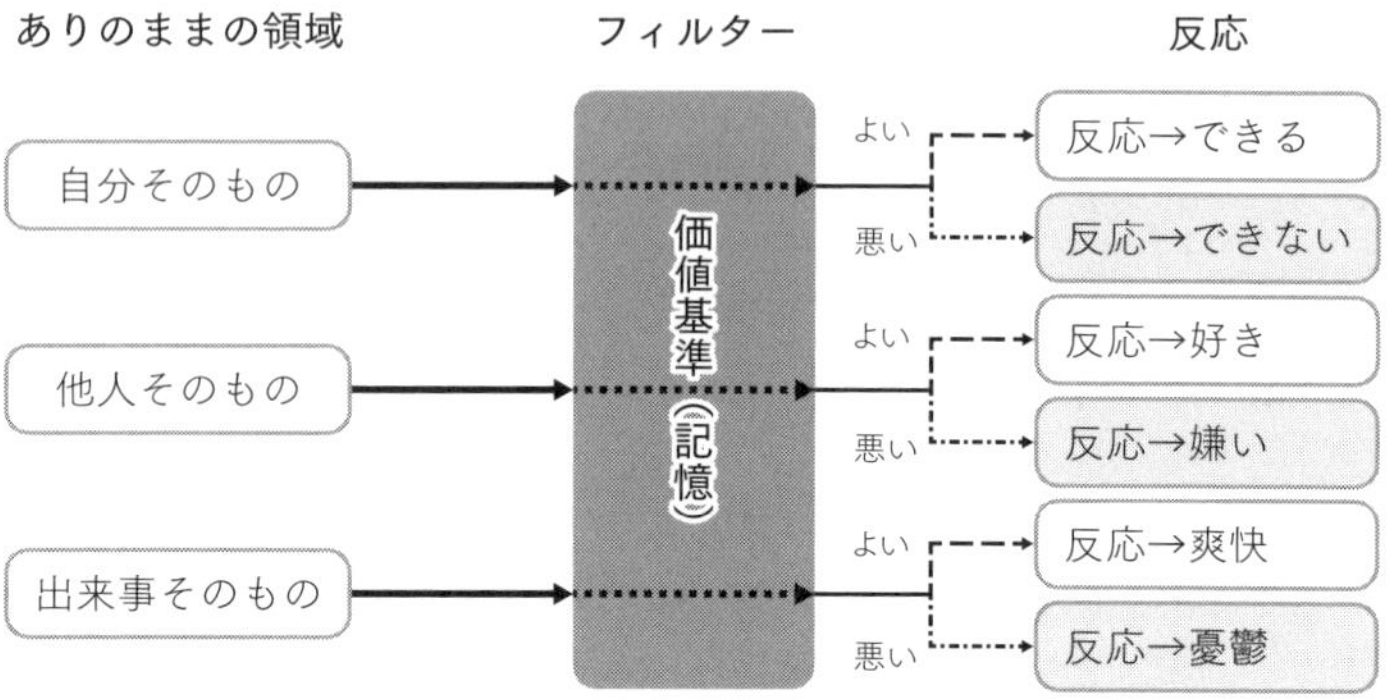

いつまでも立ち直れず、ウジウジとネガティブに考えてしまう人と立ち直りが早く切り替えがうまいポジティブな人の違いはたったひとつです。それは、「思考のクセ」の違いです。

同じ物事でも、どのようにとらえて意味づけをするのか、どの角度から見ているのか「視点」が違うだけなのです。

つまり、立ち直りを早くして切り替えをうまくするには、「思考のクセ」を矯正するだけなのです。でも、自分のクセは自分では気づきにくいものです。習慣となっていて、無意識でしてしまうものが「クセ」というものです。身体的なクセでいうと、何か考え事をしているときには、無意識で手を口元にあててしまうとか、無意識で頬杖をついてしまうとか、髪をいじってしまうとか、人それぞれにいろいろあると思います。これらは自分では気づきにくく、他人から言われて気づくといったことだと思います。このように、自分では気づきにくい習慣となっている「思考グセ」があります。

1章でもお伝えしたように、人は「わからないこと」には、生命維持装置である無意識から「危険だ！　逃げろ！」という指令が発令され、「どうせ成功しない」「今は、やることがたくさんあるから」「失敗したら損をしてしまうし」と、できない理由を考えてしまい、そしてそれをあっという間に正当化してしまうというシステムがあります。

これは、よくも悪くも自分を守るための生存本能です。たとえば、優れた企画を思いついたとしても、それを会議でプレゼンする前に「皆にバカにされたらどうしよう」「プレゼンで失敗したら損をしてしまう」「どうせ、私の企画なんて採用されない」と、できない理由を考えてしまい、そしてそれをあっという間に正当化してしまい、企画を発表しないまま「どうせ私なんて……」と、気がつけばウジウジと同じ場所を回り続けているということになります。

人間の生存本能に、「危険を回避しようとする機能」があり、そのため考えすぎてしまったり、危険に敏感になりすぎて過剰に恐れてしまう傾向があります。その生存本能が強ければ強いほど、不安や恐怖心が大きくなり、行動に移せなくなります。その結果、同じ場所をグルグルと回ってしまい、何も変わらない、何も得るものがないといったことになってしまうのです。

「不安」とは、まだ起こっていない出来事に対して湧き上がる感情です。言い変えると、あなたが勝手にネガティブに想像していることと言えます。このネガティブな感情は、私たちの生存本能によって、ポジティブ感情よりも根深く心の中に居座り、繰り返されるものです。あなたも、ネガティブな体験や思いのほうをよくおぼえていないでしょうか？ポジティブな感情である喜び、楽しみ、幸せといった感情はすぐに忘れてしまいがちですが、憂鬱や恐怖、不安といったネガティブ感情はなかなか忘れることができず、同じような場面や事柄に遭遇すると、以前と同じようなネガティブ感情が繰り返され、不安になったり、恐くなったりしてしまうのです。

早い段階での立ち直りのカギは、ポジティブ感情よりも強力で居座り続けるネガティブ感情をコントロールすることにあります。次項から、ネガティブ感情のコントロールの方法をお伝えしていきたいと思います。

3 ● ネガティブ感情をコントロールする

自分のネガティブ感情をコントロールするためには、まずそれを自覚することです。自分の感情に気づくことです。ここでは、ネガティブ感情をどう扱うかを考えていきたいと思います。

主なネガティブ感情は、憂鬱、悲しい、不快感、心配、神経質、不安、怒り、罪悪感、無力感、困惑、うんざり、プレッシャー、パニック、恥、イライラ、おびえ、失望、屈辱感、孤独感、緊張、屈辱感、不満、傷ついた……などがあります。ここに挙げていない、あなた独自のネガティブ感情があれば書き足してみてください。

まず、自分の感情が反応したときに立ち止まって、そのときの感情と気持ちを書き出してみてください。たとえば、『高校のときの同窓会に出かけたけど、みんな大人の女性になっていて華やかで圧倒された。しかも、子供や旦那さんの自慢話まで聞かされて、どう振る舞っていいのかわからなかった。屈辱感50％（私だけ場違いな感じ）、緊張20％、恥20％（もっと着飾ってきたらよかった）、憂鬱10％』

主なネガティブ感情

憂鬱、悲しい、不快感、心配、神経質、不安、怒り、罪悪感、無力感、困惑、うんざり、プレッシャー、パニック、恥、イライラ、おびえ、失望、屈辱感、孤独感、緊張、屈辱感、不満、傷ついた…

1章では、書き出して自分の気持ちや感情に気づき、その気持ちや感情にOKを出すということをしましたが、ここでは次のステップに進みたいと思います。立ち直った状態を100％だとして、どんな気持ちや感情が一番大きな割合を占めているのか、どんな気持ちや感情が強いのかを書き出して可視化していきます。

慣れないうちは、気分や感情は意外に気づきにくいものです。ネガティブ感情をコントロールするには、自分が感じる気分や感情自体を意識して観察して、自分で確認することです。

無意識に感じた気分や感情を認識することは、不快な気分や感情をやわらげるきっかけになります。どうしても、自分の気分や感情がわからないときは、身体の緊張に目を向けてみてください。呼吸が早くなっていないか、肩に力が入っていないか、頭の中を占めている思いは何なのか、緊張で気持ちが張り詰めていないか、鼓動が早くなっていないか、身体で感じている感覚を意識してみてください。

自分の感情が動いたときに立ち止まって、そのときの気持ちや感情を書き出してみて、あなたの「思考グセ」に気づくことから始めてみてく

例

状況		気分や感情
高校のときの同窓会に出かけたけど、みんな大人の女性になっていて華やかで圧倒された。しかも、子供や旦那さんの自慢話まで聞かされて、どう振る舞っていいのかわからなかった	→	●屈辱感　50% （私だけ場違いな感じ） ●緊張　20% ●恥　20% （もっと着飾ってきたらよかった） ●憂鬱　10%

状況		気分や感情
	→	

ださい。「怒りがあるときには、こんなことを思ってしまうな」「悲しいときには、いつもこう考えてしまうな」といったような、感情に伴った「思考グセ」です。自分の慣れ親しんだ考え方で自動処理することを繰り返してしまうのが、「思考グセ」です。**「思考グセ」を変更するためには、まず、頭の中で自動処理してしまっていることを自覚すること**です。

あなたの気分や感情は、あなたが作り出しています。あなたが否定的でネガティブな感情を持つと、あなたの気分は悪くなります。この「思考グセ」を見つけられたなら、これからあなたがすべきことは、この自動プログラムを書き換えることができます。

できれば、毎日やってみることをお薦めします。日々、気持ちや感情は反応しているも

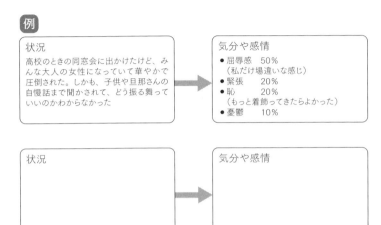

例

状況

高校のときの同窓会に出かけたけど、みんな大人の女性になっていて華やかで圧倒された。しかも、子供や旦那さんの自慢話まで聞かされて、どう振る舞っていいのかわからなかった

気分や感情

- 屈辱感　50%
（私だけ場違いな感じ）
- 緊張　20%
- 恥　20%
（もっと着飾ってきたらよかった）
- 憂鬱　10%

自動思考

- 同窓会の前に美容室に行くべきだった
- もっと着飾ってきたらよかった
- みんな幸せそう、どうせ私のことを哀れに思っているんだわ
- こんな同窓会、来なきゃよかった

例

状況

気分や感情

自動思考

のです。毎日、書き出してみると、あなたの気持ちや感情が反応してしまうシチュエーションやキーワードがわかるはずです。

たとえば、「ランチに行ったお店の店員の態度が悪くて不快だった」「部長に呼び出されると憂鬱になる」「部下の失敗で私が叱られるのは損した気分になる」など、日々のことを短くメモ程度で構いませんから書き出してみてください。まず、ネガティブ感情を自覚することです。あなたの気持ちや感情は、あなたにしかコントロールすることはできません。他人や本を読んだだけでは無理です。**あなたが実行することでしか、何も変わりません。**ぜひ、今日から実行してみてください。

4 ● 生きているけど自分を生きていない!?

私たちの心の仕組みから言うと、「やってしまった後悔」より、「やらなかった後悔」のほうがだんだん大きくなると言われます。これはたとえば、片思いの人に告白して振られた「失敗の思い出」よりも、失敗を恐れて告白しなかった「後悔の思い出」のほうが後々まで尾を引くということや、昇格試験に挑戦したいと思ってはいたけれど、「失敗したら恥ずかしい」と挑戦しなかったら、同期の同僚が昇格試験に合格して、「自分も受けていたら昇格できたかも……」と後悔するというのも当てはまります。これは、自分が何かから失敗したときの辛さから「逃げた」という体験は「ネガティブな思い出」として永遠に自分に刻印されます。逆に、逃げずに挑戦した失敗は、時間が経てばポジティブな思い出になります。

なぜなら、過去の自分は困難から逃げず戦ったという「自己肯定感」になるからです。この**「自己肯定感」は、レジリエンスを高めるためには大切な要素になります。**

自己肯定感とは何なのかと言うと、自分を肯定している感覚、感情などのことです。自己肯定感が低いと自信が持てません。他人にどう見られているかが気になり、どんな評価をされるんだろう？　こう思われるのではないだろうか？　と他人の言動に過剰に反応して苦しみます。

自己肯定感を高く持っている人は、他者から褒められたり、認められたときに、その声に抵抗することなく素直に受け止めることができ、認められたことに「ありがとう」という感謝ができます。

しかし、自己肯定感が低い人は、褒められたことや認められたことを素直に受け止められず、否定したい気持ちになってしまいます。褒められていることを否定するというのは、自己肯定感を高めるチャンスを逃してしまうということにもつながります。

自己肯定感の低い人は、自分のやりたいことよりも他人を優先してしまい、自分の気持ちや考えを持ち、自分らしく振る舞うことができません。自己肯定感の低さから、自分よりも他人を優先してしまい、自分らしさがわからない、自分を見失ってしまうという問題が生じていると考えることができます。

また、たとえば会社の前で同僚や部下が話しているのを見かけただけで、「私の悪口を言っているに違いない」と、勝手にネガティブな思いにとらわれてしまうのも、自己肯定感が低いことで生じていると考えられます。自己肯定感とは文字通り、自分を肯定している感覚のことです。自己肯定感が低いと、自分が仕事やプライベートで身の周りに起こるすべてのことがうまくいくという感覚が持てず、うまくいくことが信じられなくなります。この状態は、自分に自信が持てない状態と言えます。

そうすると、自信がないのでやる前から、「どうせ、私なんか……」「やっても成功するはずがない」「失敗して嫌な思いをするぐらいなら、やりたくない」と失敗のリスクを避けてチャレンジすることを止めてしまいます。こんな感じですから、「どうせ、私なんか……」と思っている自分よりも他人を優先してしまうため、人に合わせ過ぎてしまうことになり、自分らしさがなくなってしまい、本来の自分を見失ってしまうという結果になってしまいます。

自分を見失うということは、「生きているけれど、自分を生きていない」状態のことです。つまり、何不自由なく生活できていたとしても、「幸せ」を感じづらいということです。幸せを感じることなく生きている、といったことになってしまいます。

2章「5．価値観の洗い出し」でもお伝えしましたが、自己肯定感が低いのにはいくつか理由があります。自己肯定感が低いことを否定するのではなく、ここでは自己肯定感を高める方法について考えていこうと思います。

ここで、あなたに聞いてみたいと思いますが、「あなたは、他人から褒められると、どんな反応をしがちですか？」褒められるとうれしいと感情が反応し、素直に「ありがとう」と言えますか？　それとも、「いや、そんなことないよ。だって……」と相手の言葉を素直に受け取れず、否定してしまうことを自ら言ってしまいがちでしょうか？

私のセミナーでは、受講生同士で相手の「強み」を伝え合うというワークを行なうことがあります。すると、素直にうれしくて「ありがとう」と言える方もいれば、恥ずかしそうに「いや、そんなことはないです」と謙虚に言われる方もいます。他者から見た自分の「強み」を言ってもらうことに抵抗感を覚える方もいらっしゃいます。なかには、「そんなことを言われると、バカにされているようだ」と不快感をあらわにされる方もいます。

相手から否定されているわけではなく、認められているわけですが、自己肯定感が低いために自分自身を認めることができず、他人からの承認を素直に受け取れない。これは、自分が思っている自己イメージと、相手から伝えられる自己のイメージに違いがありすぎることで違和感が出てきてしまうということが起こっていると考えられます。本来であれば、他者からの承認の言葉、褒める言葉を受け取ることで自己肯定感が高まることにつながります。受け取らないということは、自己肯定感を高めるチャンスを逃していることになります。

相手から、「よくやったね」「素敵だね」「あなたに任せてよかったよ」という承認の言葉をもらっても、自己イメージが低いために素直に受け取れない。自分では「よくやった」「素敵だ」「任せてよかった」と心底思っていないわけですから、相手から言われると否定したくなるのです。

受け取れない人は、素直に「ありがとう」と受け取ることが恐いのはわかりますが、ここを乗り越えていくしかありません。ただ、素直に「ありがとう」と言うだけです。自己肯定感を高めていくチャンスと思って、人が褒めてくれていることをできるだけ素直に受け取ろうとしてみてください。最初は、心から受け取れなくてもＯＫです。「人から見ると、そういうところもあるのかもしれないなぁ」くらいで構いません。そうして、受け取る回数を重ねていってください。

そうすると、受け取った価値を自分の中に取り込んでいくようになり、徐々に自己肯定感が高まっていき、心から受け取れるようになっていきます。ぜひ、勇気を出して「ありがとう」と受け取ってみてください。

5 ● 自己肯定感を高めるエクササイズ

自己肯定感を高めていくために、日常的にできるエクササイズをご紹介します。それはプチ成功体験を日常的に体験していくというものです。達成感や充実感や成功感を感じる体験を重ねていくうちに、自己肯定感が高まっていきます。そのような体験を日常生活の中で自らつくっていくのです。

自己肯定感が高く持てると、自分に自信が持てるし、自己信頼感が持てるから、さまざまなことにチャレンジできたり、また失敗しても立ち直りが早く、その失敗を糧に成功を導きやすくなります。そして何より、人との関係を素直な気持ちで、本来の自分で楽に接しやすくなりします。

たとえば、仕事で新しいプロジェクトを任されて、そのプロジェクトが成功すれば大きな達成感を得られるでしょうし、意中の相手にアプローチして付き合った結果、結婚できれば大きな充実感を味わうことができるでしょう。この達成感や充実感や成功感を感じられると、自己肯定感が高まります。

でも、日常生活で仕事のプロジェクトを成功させるとか、意中の相手と結婚するなどは、そうそう体験できるものではありません。そうすると、なかなか達成感や充実感や成功感は感じられないものになってしまいます。大きな目標や夢を持って叶えていくことは、もちろん自己肯定感を高めるために、とても有効ですが、ここでは自分で日常的にできるエクササイズをご紹介します。

大きな目標や夢ではなく、達成しやすい小さな目標を立てて、それをいくつも達成していくことで、達成感や充実感や成功感をたくさん体験していくのです。プチ成功体験を自分で作るエクササイズです。

達成感や充実感や成功感を感じることで自信をつけたり、自己イメージをよいイメージに書き換えることができたり、自分を認めていくことができます。自己肯定感を高めていけるわけです。

そのような体験ができることを意識的に作っていくために、プチ成功体験ができるよう

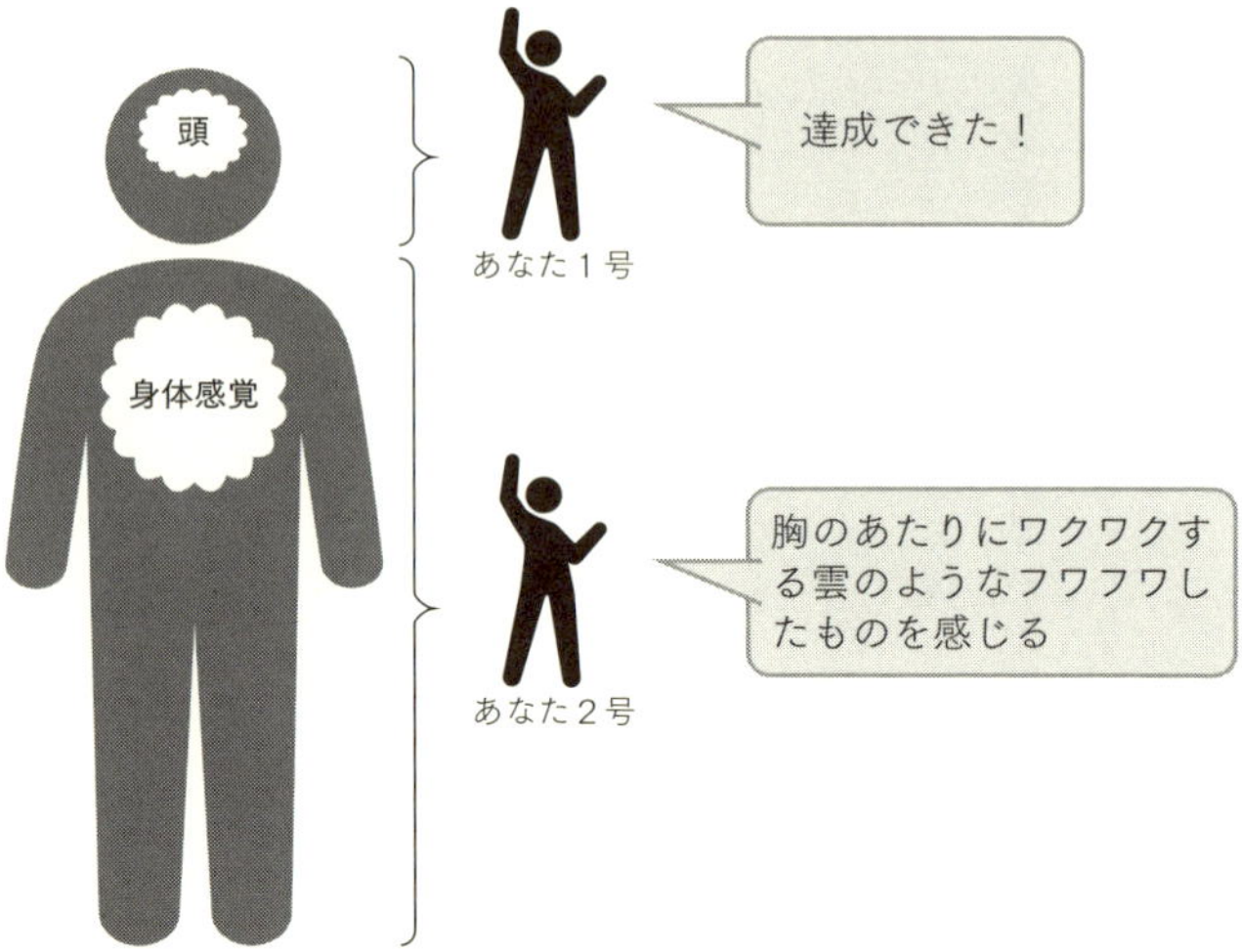

な目標を作っていきます。たとえば、「1.人間は死亡率100％　~小さい冒険を楽しむ~」で決めた『やめること』を実行に移せたら、「実行できた」と自分で達成感や充実感や成功感を味わってみてください。ここで大切なのは、頭で「達成できた」と考えるのではなく、身体感覚で感じることがポイントになります。

なぜなら、頭で理解したことよりも身体で感じた感覚のほうが強力だからです。意識を身体に向けてみてください。そして、その感覚を言語化してみてください。人によっては、「胸のあたりに雲のようなフワフワしたものがあります」や「目の前にオレンジ色の丸い球体となっている感じです」「目の奥が暖かくなって重たい感覚です」

など、さまざまな感覚で話されます。ご自分の感覚ですから、間違いや正解があるわけではありません。あなたの感覚で自由に言語化してみてください。身体感覚は、何度も繰り返し体験していくことで容易に感じられるようになっていきます。プチ成功体験できるような小さな目標を何度も作っていき、何度もプチ成功体験を積み重ねて、自己肯定感を高いものにしていってください。

たとえば、「いつもより1時間早く起きられた！」「本を一冊読めた！」「1キロ痩せられた！」など、小さいことで構いません。自分で決めて達成できたことには、達成感や充実感や成功感を感じることをしてみてください。そして、その目標が達成できたら、達成できたことを自分で自分を褒めてあげてください。ここも大切なポイントになります。

自己肯定感が低いと、「こんなことは誰でもできる」「こんな小さいことで喜べない」と、目標が達成できたことに関して過小評価する傾向がありますが、自己肯定感を高めるために行なうエクササイズですから、過小評価してしまうと効果が薄くなってしまいます。

なので、ここでは自分で自分を存分に褒めてあげてください。「私ってすごーい！」「私、よくやった！」「私、がんばった！」と、自分で自分に言ってあげてください。誰にも迷惑はかかりませんから、自分で自分を褒めることを日常化していくのです

そして、もうひとつ自己肯定感を高めるためのポイントは、「自分で考える」ことです。

自己肯定感が低く、ネガティブ思考の人の多くは、自分で考えることを止め、ネガティブな思考のループに入ってしまっています。ネガティブな「思考グセ」です。

ここまで、すべて自分一人でできることです。別の言い方をすると、**自分にしか自分を変えることはできません。**ぜひ、自己肯定感を高めて、今以上にキラキラした女性リーダーになってください。

6 ネガティブ思考を変換する「肯定的な質問」

ネガティブ思考が癖になっている人は、物事の「影」の部分ばかりを見る癖があるようで、逆にポジティブな人は、「光」の部分を見る癖を持っていると言えます。これは、どちらが正しい、間違っているといったことではありません。どんなにポジティブな人でも、ときにはネガティブになります。でも、立ち直りの早い人とは、どんな人なのかというと、自分がネガティブになっていることに早く気がつき、思考を切り替えることがうまくできる人のことです。

ネガティブ思考の人は、何かに失敗したとき、「なぜ、うまくいかなかったのか？」と、同じ場所でグルグルと否定的な質問を繰り返す癖があるようです。人間の脳は「検索エンジン」と同じで、質問に対して最適な答えを出します。

私はレジリエンスを伝えるとともに、コーチングの研修講師をしています。コーチングを説明するときに、「コーチングは自分が持っている課題や問題を自分で考える主体的なコミュニケーションです」と伝えることがあります。自分で考える際に、「質問」を使って考えていくわけですが、「質問」には、自分の思い込みを外す、視野を広げる、意欲を高める、自分ではまだ気づいていないことに気づける、可能性を広げるなど、計り知れないパワーがあります。

では、あなたに質問します。

「①　最近したちょっとした失敗は何ですか？」

今あなたは、何を考えていますか？　おそらく、「最近したちょっとした失敗……今朝のアポイントの時間を間違ったことかな……」などと、質問の答えを考えていませんでしたか？　これは、あなたの意識を質問によって質問の内容にフォーカスさせたと言えます。

①の質問が出てくるまで、ぼんやりと本書を読んでいたあなたも、しっかりと内容を吟

空白＝わからない

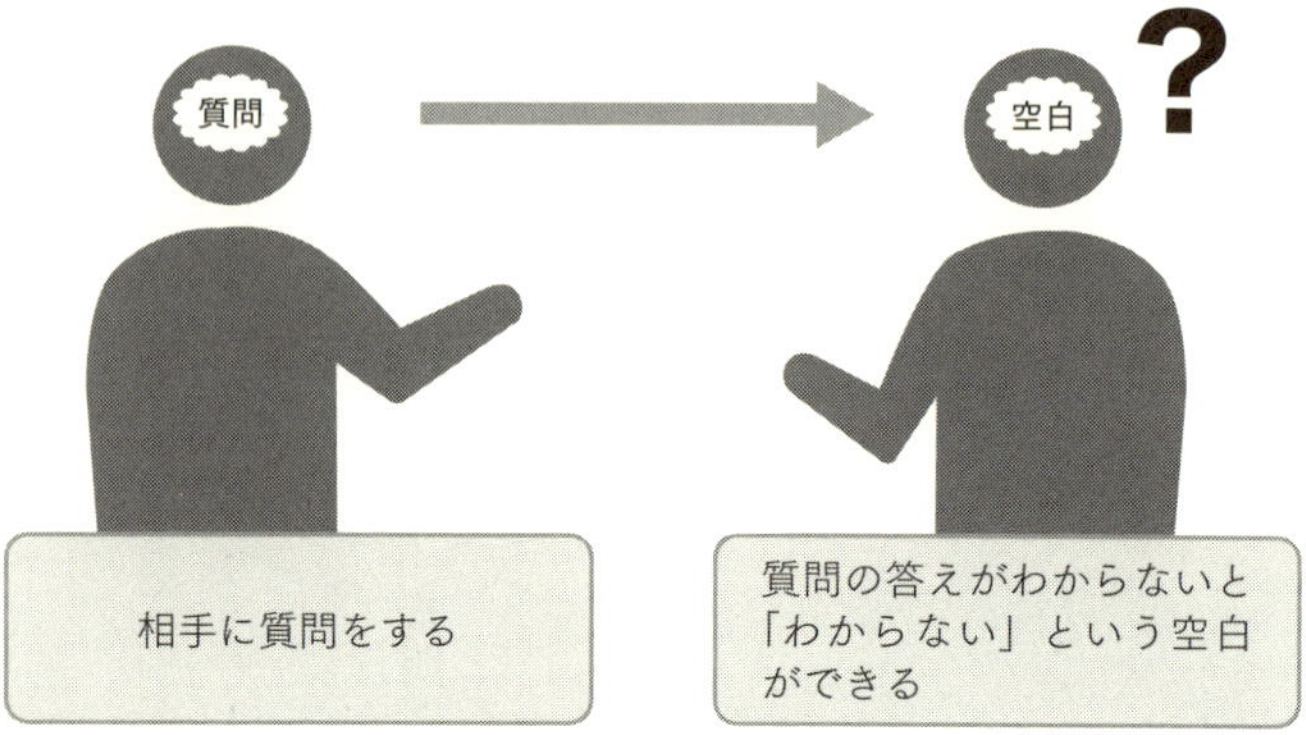

味しながら読んでいたあなたも、明日の会議のことを心配しながら流し読みしていたあなたも、①の質問をされたとたんに、①の質問の内容に意識が向いたはずです。

1章「4．「わかる」＝安全、「わからない」＝危険」でもお伝えしたように、人は質問されて、その質問の答えがわからないと、わからないという空白ができます。「空白」とは、「わからない」状態のことを言います。脳は、空白ができると危険だと察知し、自動的にその空白を埋めようとします。「空白」を埋めるとは、「答えがわかる」「理解する」といったことです。

私たちの脳は、「わからないこと」を嫌います。「わかっている」と「わからない」の違いはコントロールできるかできないかです。よくわからないことは、コントロールできない状態であり、安

肯定的な質問

- 私はどんな思い込みをしている？
- どうすれば成功するの？
- 真実はどんなことだろう？
- 他にどんな考え方ができるだろう？
- 今、私にできる選択は何だろう？
- 私は、何を避けているのだろう？
- 私がやりたいことは何だろう？
- 今やるべきことは何だろう？
- 同じ失敗をした人に、私はどんなアドバイスをするだろう？

心・安全を求める性質を持つ脳にとっては、危険な状態です。

したがって、人間の脳は、よくわからない出来事に遭遇した場合、多くは自動的に記憶を総動員して理解しようとフル回転します。

これらの現象は、脳の性質に深い関係があるからで、人間である限り、影響を受けてしまうのです。つまり、「なぜ、失敗してしまったの？」「なぜ、うまくいかなかったの？」「なぜ、できなかったの？」「なぜ、わからなかったの？」と質問すれば、脳はうまくいかなかった理由を検索結果にヒットさせます。

その結果、「失敗した自分を責める答え」が並びます。

逆に、ポジティブ思考の人は「どうすれば成功するんだろう？」と、肯定的な質問を考えます。その結果、「成功するための前向きな答え」が検索結果に並びます。問題にフォーカスするのではなく、問題解決にフォーカスする。

そうすることで、前向きな感情になり、ポジティブ思考に移行していきます。ネガティブ思考の人は、自分の落ち度ばかりが目につくため、自分を責めている時間が長い傾向があります。

ここでは、ネガティブ思考を切り替える「肯定的な質問」を用意しました。自分がネガティブになっていることに気づいたときには「肯定的な質問」を活用してみてください。

4

大人女子の心の強さを身につける方法とは?

人に頼れない人は、頼らない自分が好き!?

落ち込んだ状態からなかなか立ち直れない人は、「人に頼れない」という特徴があります。その背景には、「人に頼って迷惑をかけたらどうしよう」「人に頼って露骨に嫌がられたらどうしよう」「人に頼って弱い人間だと思われたらどうしよう」という思いがあるために、そんな思いをするぐらいなら、無理をしてでも「自分一人で何とかします！」と責任感の塊となって頑張るのです。この思いの根底には、「嫌われたくない」という強い思いがあるために、人に頼って助けを求めることができないという人も少なくありません。責任感をもって仕事に打ち込むのはよいことですが、「人に頼むくらいなら自分でやってしまったほうが楽だ」そうやって一人で抱え込んだ結果、イライラし、疲れ切ってしまうのです。

そもそも人間は、社会性の動物と言われています。本能的に「助け合いながら生きてきた」生き物です。大昔、原始人の時代には一人で生きるのではなく、みんなで協力して生き延びるという選択肢を先祖は取りました。一人ではマンモスを倒すことができなかったけれど、何人かで協力したらマンモスに勝って生き延びることができた。私たち人間は、そもそも助け合って生き延びていくといったことが遺伝子レベルにあると考えると、単独で生きていくことには、非常に弱い生き物なのかもしれません。「助け合うことが前提」のプログラムが、私たちの本能には備わっています。なのに、どうして現代に生きている私たちは素直に人に頼ることができないのでしょうか。

ここからは、「人に頼りたいのに頼れない」、「人に甘えたいのに甘えられない」原因や心理を考えていこうと思います。まず、「人に頼る自分が許せない」「人に甘える自分が許せない」ケースを考えていこうと思います。この場合、家族の中で、頼れるお姉ちゃん、しっかり者のお姉ちゃんとして育った人によくあるパターンです。統計的に、長女は甘えるのが下手だと言われています。子供の頃から、「お姉ちゃんなんだから我慢しなさい」「お姉ちゃんなんだから、しっかりしなさい」と言われて育ち、目には見えない両親の期待をひしひしと感じて成長するのが長女です。本人も自然と責任感が強くなる傾向にあり、なかなか甘えたくても甘えられなくなります。

そして、しだいに甘え方がわからなくなり、すると「甘え方を知らない」大人に成長していきます。「お姉ちゃん、これやっておいて」「お姉ちゃん、これお願い」と両親から言われ続けて、気づけばかなりの自尊心と自立心、そして実力をも身につけた「しっかり者」に成長した長女さんたちは、「誰かに頼るよりも、不眠不休であっても自分でやったほうが早くてデキがいい。そうに決まっている！」という考えに支配されてしまっているため、他人に甘えることができないのです。

でも、社会に出て部下ができれば「任せる」ということも必要になってくるし、自分一人でできることは限られています。ほどほどのところで、誰かに任せることを学ばないと、いつか自分が倒れてしまうことにもなりかねません。

それに比べて二女は、年上の姉という甘える相手がすでにいるわけですから、自然と甘え方も身につきます。甘え上手な二女に比べると、長女は損な性分と言えるかもしれませんね。

誰かに甘えるということは、「私にはとてもできません」と言ってしまうことです。つまり、人に頼れない・甘えられない人にとっては、「私は、あなたよりも無能です」と宣言していることと同じにあたります。人に弱みを見せたくないから、頼ること、甘えることを避けてしまうのです。自分では自覚のないまま、無意識で弱点を見せられない、相手を信用できないといった緊張感を常に持っています。常に緊張している状態ですから、自分のエネルギーを、無駄に自分を守るために浪費している状態です。言い換えると、自分の可能性や自分の成長のために使うはずのエネルギーを無駄に使ってしまっていると言えます。

そして、「人に頼らず」「人に甘えず」にここまでやってきた人の特徴のひとつとして、「優秀である」ということがあります。

人に頼ること、人に甘えること＝「悪」だと思って、今まで一所懸命に頑張ってきた結果、何でもテキパキとこなし、とても優秀で会社でも上司から一目を置かれる存在だったり、部下や同僚からも頼られる存在だったりするのではないでしょうか。

そして、その期待に応えなければならないと、また誰にも頼ることなく、甘えることなく無理をして頑張ってしまう。自分に処理できないことがあると、「こんなたいへんなことを、誰かに頼んだりしてはいけない」と感じてしまい、その問題を相手にとっても自分と同程度の負担であると思い込んでしまうために、他人に甘えられなくなってしまうのです。

そして、「人に頼らず」「人に甘えず」にここまでやってきた人のもうひとつの特徴として、「人に頼らない自分」「人に甘えない自分」「人に迷惑をかけない自分」「逃げない自分」が「好き」だということです。

「頑張る自分が好き」「逃げない自分が好き」――ここがポイントになります。言い換えると、「頑張らない自分は嫌い（ダメ）」「逃げてしまう自分が嫌い（ダメ）」となっていると考えられます。「頑張る自分が好き」「逃げない自分が好き」なのも、とても素敵なことです。

ただ問題なのは、そういう人はトラブルに直面すると心が弱くて折れやすいということです。なぜなら、人に頼ることが苦手だからです。人に頼らないということは、すべて自分の中だけで処理をするということになります。人間は、自分のことを他者を介さずに理解することはできません。あなたの「落ち込みから、なかなか立ち直れない」という思いも、他者と比べて「自分はそうなんだ」と理解したはずです。

状況に応じて上手に人に頼り、サポートを求められることこそ、「大人女子の心の強さ」です。部下は、仕事を任されることで「上司から頼られている」、「上司から期待されている」と実感でき、成長につながります。「人に任せる」は、まさにリーダーに求められる資質なのではないでしょうか。

とは言え、頭ではわかっていても実行するのはなかなか難しいものです。自分が自信をつけてきたやり方を手放すには、勇気が必要です。いざ人に頼ろうとしても、相手がうまくやってくれるか不安だし、「自分は逃げているのではないか」と罪悪感を感じてしまうかもしれません。本当は、周囲と助け合ったほうがよほど大きな力になるのに、なかなか一歩が踏み出せないのです。誰にも頼らず頑張ってきた人が、他人に物事を頼むのは苦痛を伴うでしょう。説明するくらいなら自分でやりたいと思うでしょうが、一人では必ず行き詰まるときが来ます。「大人の心の強さを身につける修行だ」と思って、小さいことから始めてみてください。

最初から、仕事を頼むことのハードルが高ければ、メイクやエクササイズ、流行りの音楽などを「教えて」と言ってみてください。小さなサポートを頼む経験を繰り返すうちに、頼むことでかえっていろいろなことがうまく回ることに気づき、素直に「ありがとう」の気持ちを伝える爽快感を得られるなど、いいところもたくさんあると肌で感じることができるはずです。**辛くなったら、誰かに頼ればいい――そう素直に思える人は、本当のところで窮地に強い人なのです。**

2 ● 頑張っているのにうまくいかないのは、あなたの我慢が原因!?

人に頼ることや甘えることが素直にできたら、もっと楽なのに……。または、人に頼ることや甘えることをスマートにしている人を見ると、「女を武器にして！　嫌な人！」と嫌悪感を抱いてしまい、「私はあんな風にならない！」と、自分が誰にも頼らない、甘えないことを正当化してしまうことがあります。「私は大丈夫！」と無理やり自分を鼓舞して、またさらに頑張ってしまうのです。

長年の習慣だし、今まで自分を守ってきたやり方を急に変えるというのは、多かれ少なかれ、精神的な負担を伴います。でも、このまま誰にも頼ることをせずに前に進むには限界があります。

前項でもお伝えしましたが、「人に頼らず」「人に甘えず」にここまでやってきた人の特徴のひとつとして、「人に頼らない自分」「人に甘えない自分」「人に迷惑をかけない自分」「逃げない自分」が「好き」だということです。自分のことが好きなのは、とても素敵でメンタルヘルスの上でも、とても大切なことですが、「人に頼らない自分が好き」という反面には、「いつも、私ばかりが損をしている」「誰も私を助けてくれない」「期待された通り、私がやるしかない」といったような、不満や怒りが共存している場合がほとんどです。

いつも、元気で明るくて笑顔で人の世話を焼くのが好き。周りからは、男前とか姉御（あねご）とか言われて慕われている。パワフルで仕事も男勝りにできるし、リーダーなんかもよく任される。どうですか？　あなたに当てはまるのではないでしょうか。
あなたの心を占めている「どうして、こんなに頑張っているのにうまくいかないの？」

の問いに答えるならば、ズバリ！「あなたの我慢が原因です！」。辛いとき、悲しくて泣きたいときや腹が立って怒っているとき、無理して頑張って、大丈夫なフリをしていませんか？

「私は大丈夫だから…」と言って、本当は辛いのに我慢していませんか？ 自分でやるしかないと勝手に決めつけて、諦めていたりしませんか？ ここでは、あなたの「強がり度」を診断してみましょう。ぜひやってみて、人と付き合う上での参考にしてみてください。

以下の項目の中で、あなたに当てはまるものがいくつあるか、数えてみてください。

❐人から認められることは重要だ
❐失敗するリスクがあることは、避けるべきだ
❐他人を嫌うと自分も嫌われると思っている
❐よくわからないことには、立ち向かうより避けたほうが得策だ
❐他人の悪口を言ってはいけない
❐うまくできないことは、やりたくない
❐予測できないことは、失敗する確率が高い
❐計画は、たくさんあるほうがよい

❏どんな人からも好かれたい
❏初めてのことにチャレンジするのは憂鬱だ
❏間違ったことをした人間は非難されるべきだ
❏心配事が頭から離れないことがよくある
❏やるべきことがたくさんあると、充実した気分になる
❏どんな人からも嫌われてはいけない
❏道徳に反した行為は、きびしく罰せられるべきだと思う
❏自分を認めてくれている人の人数で自分の価値が決まる
❏他人が自分をどう思っているのか、常に意識している
❏準備しなかったことは失敗して当たり前だ
❏失敗するということは無能な証拠だ
❏失敗すると、すべて自分のせいだと感じて落ち込む

0〜4個……強がり度15%　甘え上手

あなたには、強がりの側面はほとんどありません。むしろ、かなり甘え上手で、自分ではできない、無理だと思ったら、すぐに「これお願いできませんか?」と人に頼ることが

できる人です。もしかしたら、自分でできることも人にやってもらうことが多いのかもしれません。強がって何でも自分で抱え込んだら損だと思っている節があります。何も考えていないように見えて、実は計算高い面があります。そんな甘え上手なあなたは、女性の敵が多いかも知れません。

5~10個……強がり度40%　適度に甘えることができる

あなたは、それほど強がりではありません。つらいときには「つらい」と素直に言えるし、適度に甘えることもできるでしょう。自分には無理だと思うことは、最初から引き受けません。引き受けて責任を被りたくないと思っています。ただ、リスク管理はできているのかもしれませんが、もう少し貪欲に新しいことに挑戦するといったことをしてもいいかもしれません。そうすれば、あなたの新たな可能性が開かれていきます。

11~15個……強がり度75%　一人でやるほうが気楽

あなたは、やや強がりです。冷静に考えて、これは助けてもらわないと無理だなと思ったら、人に頼ることができるでしょう。でも、ちょっと無理をすればできると判断したら、多少の無理をしても一人でやろうとします。あなたは、優秀で上司や部下からも頼りにされているはずです。優秀であるがゆえに、人に頼るよりも一人でやるほうが効率的で気楽だったりします。でも、無理がたたって体調を崩すことにならないように、強がりはほどほどにすることを心がけてください。

16〜20個……強がり度95%　人に甘えるのは屈辱

あなたは、人に弱いところを見せるのが大の苦手で、もっとも避けたいことのひとつです。そのため、道に迷っても人に気楽に尋ねることができずに、尋ねるタイミングを探ってはウロウロしたりしていませんか？　仕事でも一人でやるのはちょっときついなと感じても、安易に人に頼ることができません。相当な強がりです。人に甘えるのは屈辱的だ、と思っている傾向があります。ほぼ強がりと責任感で生きていますから、任された仕事は何がなんでもやり遂げます。でも、無理をしていますから、不眠になったり、体調がすぐれず朝起き上がれないといったことになりかねません。こんな状態になっても一人で背負い込んでしまい、誰にも相談できないといったことに陥ってしまいかねません。プライドを捨てて、人に甘えることも必要です。

いかがだったでしょうか？　つらいときに「つらい」と言っても、誰もあなたを弱い人間だとは思いません。それより、いつも一人で頑張っているあなたから仕事を任された部下は、かえって「任せてもらった♪」と喜ぶかもしれません。今のまま強がっていては限界があります。

あなたの可能性、部下の可能性を広げるためにも、あなたが今まで頑張って築いてきたガードを少し下げることです。ぜひこの診断結果を、人と付き合う上での参考にしてみてください。

3 ● あなたが必死になって隠していることはバレています!?

ここまで「人に頼ることも大切です」とお伝えしてきましたが、あなたは「そうかもしれないな~」と思いつつも、心の底では素直に上司や同僚に甘えることができる人を軽蔑していませんか? でも、人に頼っている人を見るとイライラするのなら、あなたは内心では「甘えたい」「頼りたい」「助けてほしい」と思っているということになります。「そんなことは絶対にない!」と強く反応すればするほど、あなた自身は頼りたいと思っているということになります。そこをお伝えしていきたいと思います。

まずは、あなたが苦手だと感じる部下や上司、友人、どなたでも構いませんので、3人の名前を書き出してみてください。そして次に、それぞれのどんなところにイラッとするのか、どんなところに腹が立つと反応してしまうのか特徴を書き出してみてください。

たとえば、「○○さんの、上から目線で横柄な態度」「△△さんの一円単位まで割り勘にする細かいところ」「□□さんの、人によって態度を変えるところ」などの具体的な特徴を書き出してみてください。

あなたが反応してしまう相手の特徴を書いていただきましたが、その特徴は、実はあなた自身でもあるのです！　こんなことを言うと、「絶対にそんなことない！」「私は上から目線で横柄な態度なんてとったことはない！」と、強く否定される人もいると思いますが、実は、そういう人ほど、あなた自身なのです。

たとえば、あなたが心底信頼しているような何でも言い合えるような親しい人に、今書き出した苦手だと感じる人の特徴を「私にもある特徴だよね？」と聞いてみてください。必ず、「そうだね」や「あっ！　自分でも気づいていたんだね」といった、あなたにとってはショックな反応が返ってくるはずです。

もう少しくわしく説明していきますが、今、書き出した特徴はあなた自身の特徴だと言いましたが、それには2つのパターンがあります。ひとつは実際、よくよく見てみると自分にもたしかにあるかもなと、自分にはこういう特徴があるなと思えるケース。たとえば、あなたが苦手だと感じる人の特徴として、「上から目線で横柄な態度の人」だとすると、よくよく考えてみると、「部下の○○さんの前では上から目線で、私が一番正しいという態度で接しているかもな」と、特定の人の前ではそうなっているなと、こんな風に実際に反応してしまう相手の特徴と実際に自分の特徴が一致するパターン。

2つ目のパターンは、その特徴がどう考えても自分にはあるとは思えないというケースです。むしろ、自分とは正反対と言ってもいいぐらい、どんなに自分の中を探しても、その特徴が自分にあると思えないようなケースです。実は、こういう場合は、本当はあなたの中にあるのだけれど、「それはよくない感情だ」、「よくない欲求だ」、「よくない特徴だ」というように、あなた自身がしっかりと抑制してしまって、自分の無意識レベルまで抑え込んでしまっているのです。

だから、自分にはないと思っているケースで、いつの間にか「よくないもの」として無意識レベルに抑え込んでしまった特徴ですから、その特徴や欲求を思う存分に発揮している人を見ると、その人に対して感情的に反応してしまうパターンです。

たとえば、あなたは優秀でリーダーシップに優れているから役職に就いたはずです。そんなあなたから見ると、何度も同じ失敗をする部下、時間にルーズな部下、一度で理解できない部下は、自分とはまったく違うと思ってしまうかもしれません。実際には、優秀なあなたとでは違うように感じるでしょう。

でも、あなたが優秀だということは、失敗したら排除される、時間を守らなければならない、理解力がないと認められないと頑張ってきたからこそ、あなたは優秀なのではないでしょうか。

自分が優秀であるということが大事になり過ぎると、優秀性や優越感を得たいという欲求が加わり、さらに相手を否定する気持ちが強くなります。相手を蔑むことで、自分の正しさを証明しようとします。すると、言うまでもなく自分よりも優秀な人は世の中にはたくさんいます。自分の優秀性や優越感を得ようと、さらに頑張ります。そして、たとえその部署で昇格できたとしても、自分よりも劣っている人も、自分よりも優秀な人も目につき、劣っている人を見つけては、蔑んでイライラしたり、自分よりも優秀な人を見つけても、妬みからイライラして、もっともっとと頑張ります。

そして、いつの間にか「誰も私のことをわかってくれない」とバーンアウトするということになってしまいます。いくら優秀であっても、これでは幸せとは言えません。別の例で言うと、ある女性管理職が、職場でどうしても苦手な部下がいました。その苦手な部下の特徴は、いつもキレイにメイクされていて、とても女性らしい振る舞いで男性社員に人気の部下でした。女性管理職からすると、「男性に媚びる態度が嫌いなのよ！」と反応してしまっているとします。

では、その女性管理職はどうかというと、あまり着る物にも頓着しない、メイクにも興味がなく、いつもほとんどノーメイクでその部下とは対照的だとします。どう見ても、女性管理職と部下とでは違うわけですが、心理学の講座で女性管理職は、自分が産まれてから今までのことを改めて考えてみるといったことをしました。すると、あることを思い出したのです。

それは、自分の両親から幼い頃に言われたことでした。実は両親は男の子が産まれることを楽しみにしていました。しかし、実際に生まれたのは女の子でした。すると、お父さんから、「いや～男の子が産まれると思っていたんだよな」と、幼い頃によく言われていたことを思い出したのです。お父さんは別に悪気はなく、自分も特別にショックを受けたという自覚もないまま、今まで過ごしてきたのですが、それは、実はショックを受けていたのです。幼い頃に、自分では気づかないうちに、「女の子ではダメなんだ」というメッセージを受け取っていたのです。すると、いつしか自分の中の女性性を否定し抑圧するようになっていきました。幼い頃の写真を見ると、いつもショートカットで、スカートはほとんど履かないボーイッシュな写真ばかりでした。この場合、本人も自覚していませんが、自分の女性らしさ、自分の中の女性性を自覚しないまま無意識のうちに抑圧して大人になったと考えられます。

そんなわけですから、女性管理職にしてみれば、自分の中に本当は発揮したい女性性があるのですが、それを小さい頃から思いっきり抑圧して生きてきているのです。このように、自分自身から見て好ましくないということで抑圧した特徴、抑圧した感情、抑圧した欲求は、無意識レベルに抑え込まれてしまいます。

この女性管理職の場合は、自分の女性性を無意識レベルに押し込めていたのに、目の前にその女性性を存分に発揮している部下が現われたのです。自分としては、よくないものとして抑圧しているわけですから、それを存分に発揮している人が目の前に現われたら、当然よくないものとして反応してしまいます。

この女性管理職のように、自分で気づいていなかった部分に気づくことができるのも、自分が反応してしまう苦手な人がいるからこそ、気がつけるということになります。

ということは、実は自分の苦手な人こそ、隠された自分を発見するためには不可欠なわけです。自分がどんな特徴の人に反応してしまうのかを知ることは、早い段階で落ち込みから立ち直るためにも大切な要素になります。

隠された自分が見つかったら、その自分を認めてあげることです。

4 ● アソシエイトとディソシエイトの違いとは？

ここまで、人に頼るということを軸にお伝えしてきましたが、ここまで読み進めてみて、「そもそも、自分が人に頼ることができているのかどうかわからない」という人もいると思います。なぜなら、自分のことは自分ではわかりにくいからです。自分を客観的に見られると評価できますが、自分のことはどうしても主観的になってしまいます。すると、正確な判断ができなくなります。

脳の取り扱い説明書と言われているＮＬＰ（神経言語プログラミング）のワークなどで使用される、アソシエイトとディソシエイトというものをご紹介したいと思います。

アソシエイトとは、物事を主観的に一体化した状態で認識していることを言います。逆にディソシエイトとは、物事を客観的に自分と分離した状態で認識していることです。

人は、何かの問題に取り組んでいるときに、アソシエイトの状態になり、問題に振り回されてしまうことがあります。そんなとき、ディソシエイトの視点を持つことで、問題を客観視し、解決策を導き出すことが容易にできるようになります。

アソシエイトの状態

アソシエイトとディソシエイトという2つの状態を認識して活用することで、落ち込んだ状態から早い段階で立ち直れるといった、自分自身を有効な状態へと変化させることができます。

たとえば、私が映画を観ているとします。この場合、アソシエイトでは、このように映画のスクリーンだけが見えている状態のことを言います。自分の視線から見た映像なので、自分自身は見えていません。もしくは、映画の主人公になりきって感情が揺れ動かされるといった状態はアソシエイトの状態です。

逆にディソシエイトでは、映画を見ている自分自身を外側から見ている状態ですから、自分自身の姿が見えています。

ふだん、私たちの状態はアソシエイトで起

ディソシエイトの状態

きている出来事に対応しています。あなたもこうして本書を読まれているときも、自分を含めた外側からは見ていないはずです。夢を見ているとき、自分自身をテレビを見ているように外側から見ている夢は、ディソシエイトの状態です。自分自身から見た状態の夢はアソシエイトの状態ということになります。

落ち込んでいる状態というのは、アソシエイト状態と言えます。アソシエイトで問題を感じてしまうと、視野が狭くなったり身体が固くなり、自由な発想ができないといったデメリットがありますが、逆に何かを成し遂げたというような成功体験などは、アソシエイトの状態でその感覚を十分に味わうと、より成功した喜びを臨場感いっぱいに味わうことができます。

アソシエイトの状態は、五感をフルに使っています。なので、すごく臨場感豊かに体験することが可能です。でも、たとえば、ふだんの私たちでも、信じられない出来事（突然の身内の死、突然の彼氏との別れ、思いもしなかった上司からの怒り、晴天の霹靂の部下の裏切り）などを体験した直後は、ポカーンと自分が一人たたずむ姿で見えてくることがありませんか？　ディソシエイトの状態のときは、臨場感が薄まります。なので、他人事のように感じてしまうのです。

アソシエイトの状態は、五感をフルに使います。「誰がいたのか」、「光の感じ」、「聞こえてくる音」、「におい」、「肌で感じた感触」、「温度や風」、視覚、聴覚、身体感覚（味覚、触覚、臭覚）を総動員して、臨場感豊かにありありと記憶情報を蘇らせます。まず、「嫌な出来事」を、アソシエイト、ディソシエイトで再現して感じてみてください。次に、「楽しかった出来事」をアソシエイト、ディソシエイトで再現して、その違いを感じてみてください。

アソシエイト、ディソシエイトの使いわけができると、早い段階での立ち直りにも効果的だし、仕事の面でもアイディアを絞り出すなど、感受性が豊かな創造性が必要なときはアソシエイトで、マーケティングなどの客観性を保ち分析が必要な場合は、ディソシエイトで考えたほうが、あなたの可能性を開花できるはずです。

5 ● 問題の箱から抜け出す方法とは？

前項でもお伝えしたように、アソシエイトとは、物事を主観的に一体化した状態で認識していることを言います。反対にディソシエイトとは、物事を客観的に自分と分離した状態で認識している状態のことです。

ディソシエイトの状態は、客観的な見方になります。まるで他人事のように、自分自身の姿をスクリーンの中に映し出します。この状態のときは、自分から「切り離されている」感じ、分離されていると言えます。ディソシエイトの状態は、シンプルに表現すると箱の外から見ている状態です。そして、アソシエイトの状態は、箱の中に入っている状態です。ある特定の対象の中に「入る」のか、箱から出て「眺める」のかによって、私たちの状態は変化を起こします。

すごくシンプルですが、アソシエイトとディソシエイトを使いこなすことができれば、落ち込んだ状態から早い段階で立ち直ることも容易になります。

落ち込んでいる状態は、アソシエイトで過去の悪い体験の箱の中に入っている状態です。

アソシエイト

箱の中に入り込んでいる状態

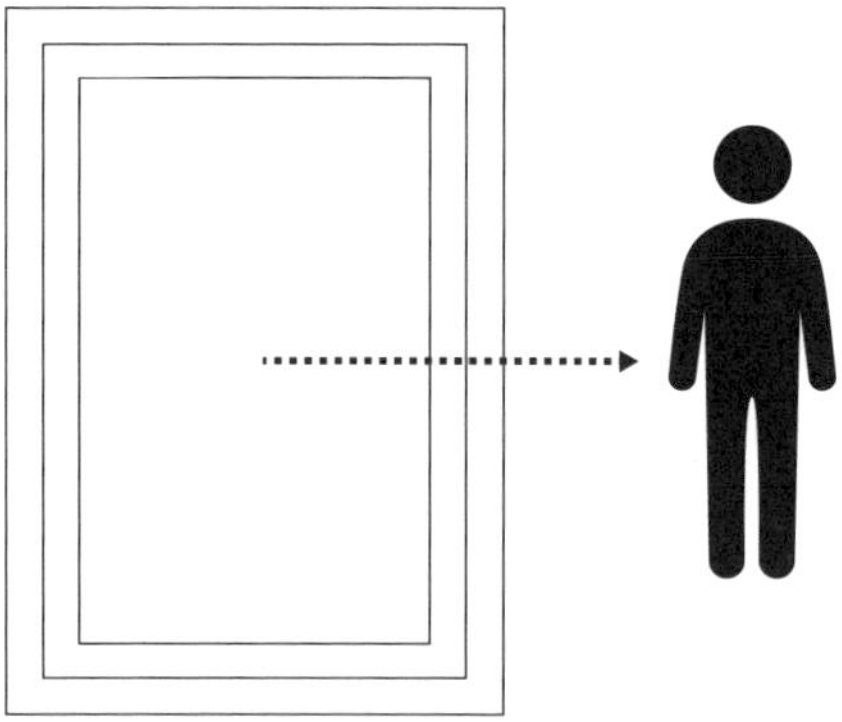

ディソシエイト

箱の外に出て客観的に見ている状態

では、過去の悪い体験の箱の中に入っているなら何をすればいいのでしょうか？　過去の悪い体験にアソシエイト（箱に入っている）しているのなら、過去の悪い体験からディソシエイト（箱から出る）してしまえばいいだけ、ということになります。

まずは、自分自身から見ている視点を変えてみましょう。

①目の前に映画館にあるようなスクリーンをイメージしてください。②そのスクリーンに自分自身を映し出して過去の体験を再現してみてください。③そして、その体験をアナウンサーになったつもりで実況します。たとえば、「上司から部下のミスで小言を言われた」この状況をディソシエイトでスクリーンに映し出してみてください。そして、その状況を実況していきます。

上司：「○○さん、ちょっと」と呼びつける。私：「はい」と席を立ち、上司のデスクまで歩く

上司：「君のチームの書類の数字にミスが多いんだよ。君が作成した書類じゃないことはわかっているけど、部下のミスは君のミスだよ。君の監督不行き届きだよ！」と言われる。

私：（私の上司はあなたなんだけど、私がミスしたときにはあなたが責任とるわけ⁉︎）と思いながら、「ハイ。申し訳ありません」と答える。こんな感じで実況を行なうと、どんどん客観的になっていきます。すると、小さいミスでイライラしている上司が滑稽に見えてくるはずです。これは、ディソシエイトの状態で箱から出た状態です。人によっては、アソシエイトからディソシエイトに変化すると、身体感覚にも変化が起こるという人もいます。実は、アソシエイト、ディソシエイトのトレーニングをするのは、この身体感覚を変化させる目的があります。

つまり、今までアソシエイトの状態で思い出していた体験がディソシエイトの状態に変わると、その体験の印象（反応）が変わるのです。そして、それは上書き保存されます。脳は、最新の情報を真実と捉えます。しっかりと、身体感覚が変化するところまで、ディソシエイト状態にできれば、次回から思い出すときには、悪い体験も臨場感が薄まります。

そのとき、自分に与える影響力は、以前に比べてずいぶん弱くなっていることに気づくはずです。

1章でお伝えしましたが、「今」が何十にも何百にも何千にも重なった結果が「未来」です。実は、**「今」をいかに幸せに豊かに過ごすかで、「未来」が変わっていく**のです。よく考えてみてください。私たちが、落ち込んでいるとき、「過去」のことを思い出して「今」が憂鬱になっています。そして、憂鬱な「今」から創造した「未来」は、「明日の取引先へのプレゼンもうまくいかなかったらどうしよう」「このままでは、来月の昇進試験もうまくいくわけがない」「きっと、部下も私のことを本心ではバカにしているんだ」とマイナスに考え、悲観的になってしまうのです。

私たちは、基本的にひとつのことにしか意識を向けることはできません。同時に2つのこと、3つのことに意識を向けることはできないのです。そうすると、「明日の取引先へのプレゼンもうまくいかなかったら、どうしよう」「このままでは、来月の昇進試験もうまくいくわけがない」「きっと、部下も私のことを本心ではバカにしているんだ」と考えていると、「プレゼンがうまくいかない理由」「昇進試験がうまくいかない状況」「部下がバカにしているように見える」といった情報をキャッチしやすくなります。これは、私たちが関心のあることにしか意識を向けられないということを示しています。

このように、意識はひとつのことしかキャッチしません。そうすると、一度「こうだ」と思い込んでしまったことは、自分の思い込みを肯定しようと脳は働きます。「やっぱりね」「そうだと思った」「私の思った通り」という結果を脳が探してしまいます。

脳は、記憶のデータベースです。大人になればなるほど、マイナスの記憶、つまり危機管理のための記憶がたまりやすい傾向があります。なので、大人になればなるほどマイナスに考えてしまうのは、危機管理の面からすると仕方がないことかもしれませんが、自分のメンタルや周りの人たちのことを考えると、「今」を幸せに豊かに過ごしたほうが健全です。

体験することは、脳にとっては新しいデータになります。アソシエイトで身体感覚を味わうことは、実際に体験していることと同じで、データになるのです。つまり、成功体験をアソシエイトで味わうことができれば、成功のハードルが下がり達成しやすいということになります。一度でも体験したことのあるものは、さほど固くなることもなく実行でき、柔軟に自由にできたことで満足のいく結果を得られるのは、ごく自然なことです。

6 ● 隠れていた自分を認める

いったん落ち込んでしまうとなかなか立ち直れないと嘆くあなたは、学生の頃も社会人になってからも優秀で責任感があるよい人だと推察します。そんなあなたは、幼い頃から「いい子」だったのではないでしょうか。おそらく、親や学校の先生から認められ、「○○ちゃんはいい子ね」「○○ちゃんはえらいね」と言われ、しだいに「期待に応えなければいけない」と無意識に自覚なく、あなたは「いい子」として頑張ってきたのでしょう。

「頑張ってきた」ということは、反面では何かを「我慢してきた」、何かを「犠牲にしてきた」ということになります。たとえば学生時代、頑張って勉強してきた人なら、「友達と遊ぶことを我慢してきた」とか、仕事で頑張ってプロジェクトを成功させてきた人なら、「プライベートの時間を犠牲にしてきた」とか、何かしらの我慢や犠牲が伴っているはずです。

もちろん、その我慢や犠牲があったからこそ、今のあなたのポストや成功があるわけですが、2章「4．自信がないことに自信たっぷりの理由」でもお伝えしましたように、無

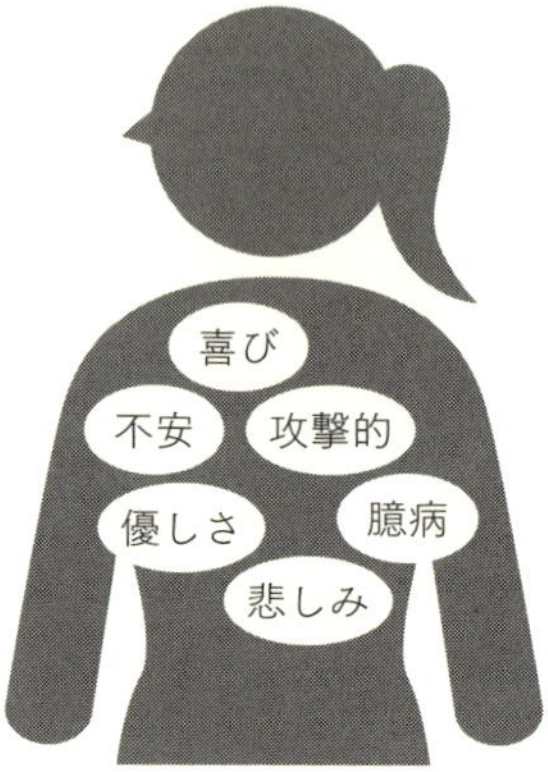

意識には一人だけではなくいろいろなあなたが存在します。喜び、悲しみ、怒り、諦め、驚き、嫌悪、恐怖など、感情の数だけあなたが存在していることになります。

まず、隠された自分に気づいて自覚し、その自分を認めるということが大切なのです。

あなたは生まれてからずっと、当たり前ですが「自分」と一緒です。そのため、私たちは「自分」のことは自分が一番知っていると勘違いしているのです。実は、自分のことを理解することは容易なことではありませんし、自分一人で「自分」を理解するということはできません。

あなたが考える「自分」は、本当に「自分」なのでしょうか？　この問いを実証するのによい実験があります。あなたの部下や同僚、上司、家族に、「私は、どんな人間だと思いますか？」と尋ねてみてください。きっと千差万別でさまざまな答えがあるはずです。

部下に対しての「自分」、上司に対しての「自分」、母親に対しての「自分」。それぞれの「自分」に役割があります。部下に対して厳しい「自分」、上司に対して優秀な「自分」、母親に対してワガママな「自分」、その人、その場での役割をあなたは演じていると言えます。そして、あなたは不本意であっても**すべてがあなた自身であり、その人から見た「あなた」に間違いありません。**

その「自分」を認めることです。「厳しい自分」も「優秀な自分」も「ワガママな自分」も、あなたの中の一人に間違いありません。では、ここからは「自分」を認める方法をお伝えしていきます。

たとえば、部下から「厳しい」という評価を受けたのであれば、実際に部下と話しているとき、部下に指示をしているときをアソシエイトの状態で思い出してみてください。

身体感覚に意識を集中して、椅子に座っている感覚や膝の上に置いている手の感覚、肩に力が入っていないか、全身の力を抜いて身体感覚を感じてください。そして、その感覚とともに、「そんな自分もいるな」と認めてください。認める方法は、これだけです。

身体感覚を感じるというのは、人によっては難しいという人もいると思います。実際に私のワークショップで行なってもらうと、「胸のあたりがモヤモヤする」、「後頭部がズキズキする」、「右耳の後ろが痛い」、「全体的に圧がかかっている感じ」など、さまざまな感覚を口にされます。これは自分の感覚ですから、正解も不正解もありません。あなたがそう感じたのであれば、それが正解です。

ですが、優秀で真面目なあなたは、「これでいいのかな?」と自分の感覚に自信が持てないと感じるかもしれませんが、断言します！ あなたが感じた感覚が正解です。あなたの感覚を、誰かが表現することなどできないし、そんな必要はありません。

身体感覚を感じたまま、「そんな自分もあるな」「これも自分なんだな」と受け入れて認めます。こうして、自分の中にある、隠されていた自分を認めることで、ずっと楽に生きられるはずです。なぜなら、人は誰しも理想とする自分がいます。たとえば、「土壇場で実力が発揮できるようなメンタルの持ち主になりたい」や「他人の立場に立って気配りのできる女性になりたい」など、自分が「こうなりたい」「こんな人が憧れ」という、理想とする自分のイメージがあるはずです。その自分がつくり上げた理想と現実とのギャップに苦しむのです。

私がコーチとしてコーチングセッションを行なうときは、まずクライアントに「どうなりたいのか?」理想となるゴールを設定してもらいます。そして、現状からゴールまでのギャップを埋めるために、リソースを見つけたり選択肢を増やしたり、視野を広げたりといったことをクライアントに考えてもらい、ゴールまでのギャップを縮めていくといったことをします。

しかし、**レジリエンスを考えるときには、ゴールに達成すること以上に、まず今の現状を自覚して受け入れることが最も優先されるべきことになります。**今の自分の状態、現状がわからないままゴール設定をしたところで、現在地がわからなければ、ゴールに辿り着けません。いつまでたってもゴールに辿り着けないあなたは、「私はダメなんだ」と、また落ち込んでしまい、ネガティブループが始まります。**実は、いつまで経ってもレジリエンスが鍛えられない原因は、今の自分を否定して理想ばかりを追い求めていたことにあるのです。**

そして、他者からの「自分」を認められたら、今度は自分に対しての「自分」を考えてみてください。どんな「自分」が出てくるでしょうか？　この問いも書き出してみてください。そして、やり方は同じです。身体感覚に意識を集中して、全身の力を抜いて身体感覚を感じてください。そして、その感覚とともに「そんな自分もいるな」と認めてください。声に出すだけでも違います。バカバカしいと思わずに、「そんな自分もいるな」と、声に出して言ってみてください。

5

自分を立て直す方法とは？

●「晴れ女？」「雨女？」あなたは何を信じて生きていますか？

私が、以前一緒に働いていた女性管理職の同僚の話です。30代半ばの彼女は、女性初の管理職として会社からも期待される存在でした。優秀な彼女は、他の人が面倒だと受けたがらないデータ管理の仕事を、誰に言われるわけでもなく率先して引き受けたり、また任された仕事に対しては、上司から求められている結果が出るまでは弱音も吐かず、黙々とやり遂げる、とても責任感のある女性でした。そんな彼女は、可愛らしい顔立ちとは正反対の性格の持ち主で、豪快な男性のように細かいところは気にしないサッパリした性格でした。そこがまた、男女問わず慕われるところだったようです。そんな彼女は、周りの人から見ると何の不満もなく、将来に対しても不安もなく、誰からも好かれる存在だと周囲の人からは思われていたのですが、そんな彼女がある日突然、会社を辞めてしまったのです。もちろん、周囲の人は原因がわからず、困惑するしかありませんでした。

彼女が退職してから半年ほど経ったある日、あるセミナー会場で偶然、彼女と出くわしました。そのときの彼女は、以前と変わらず人懐っこい明るい笑顔で、私に駆け寄ってきて挨拶してくれて、話し込むうちに退職した経緯を話してくれたのですが、「他の会社にヘッドハンティングされたんだろう」と思っていた私は、彼女の話にとても驚きました。

彼女は淡々と、まるで他人事のように、人の期待に応えられなければ自分は必要ない存在なのではないかと思っていたこと、人に嫌われることが恐かったから誰とでも仲よくしていたこと、嫌われたくないから自分の時間を犠牲にしても、誘われた飲み会には参加していたこと、飲み会の途中で帰ったら自分の悪口を言われるんじゃないかと、恐くて帰れなかったこと、自分がここにいていいんだと思えず、誰よりも仕事を頑張ってきたこと、仕事ができないと居場所がなくなると思っていたと話してくれました。

彼女の場合、周囲からは優秀だと認められ、期待されていたにもかかわらず、自分で自分の存在を過小評価し、ありのままの自分には価値を見い出すことができなかったのです。別の言い方をすると、周囲から優秀だと認められ、期待されていたからこそ、自己評価との乖離を埋めようと一所懸命に「仕事ができる女」「誰からも慕われる人」「優秀な人」を演じていたと言えます。

彼女は常に、「嫌われたらどうしよう」「必要ないと言われたらどうしよう」「結果が出せないと存在価値がない」と、不安で孤独だったと話してくれました。そして、彼女の場合、「他人を嫌うと自分も同じように嫌われる」といった〝条件づけ〟を強く持っていたことで、より複雑にしていました。

今までお伝えしてきたように、**他者評価＝自己評価**です。そうすると、自分のことを受け入れられなかった彼女は、周囲の人を受け入れられず嫌いな人が増えることになります。

ですが、「他人を嫌うと、同じように自分も嫌われる」といった〝条件づけ〟をしてしまっていた彼女は、いつの頃からか「あの人のことは苦手」「あの人のここが嫌い」といった感情を、ないものとして感じないようになっていました。そうすると、少しでも「嫌いな人」「違和感がある人」が目の前に現われると、自分の違和感を否定します。しかも、彼女は否定の仕組みが、より複雑さを増していました。単純に「他人を嫌う自分はダメなんだ」と否定するのではなく、「他人のことを嫌う自分は同じように嫌われる。だから好きにならなければならない」と、他人を嫌う自分のことを否定して、さらに嫌いな人を好きになれない自分はダメなんだと否定していたのです。そして、嫌いな人を無理やり好きになろうとして、自分から他愛のないことで話しかけたり、嫌いな人からの誘いも無理して付き合い、嫌いな人の失敗を笑顔でカバーしたりしていたそうです。

先にもお伝えしたように、「嫌い」だとアンテナが立っている他者に対しては、どんどん嫌悪するところに目が向きます。すると、ますます嫌いになる→ますます他人を嫌っている自分はダメだと否定が強くなる→同時に好きになれない自分もダメなんだとネガティブループにはまり、どんどん自己否定が強くなります。

彼女は、自分の内面と向き合うことなく誤魔化し続けた結果、〝条件づけ〟をより複雑にしてしまったのです。彼女の場合は極端な例ですが、自分の思い込みや信じる力というものは、少なからず私たちに影響を与えます。

実際に医療の世界でも、偽薬効果というものがあります。たとえば、頭痛薬だと言ってビタミン剤を渡したところ、それで本当に頭痛が治ったという現象を「プラシーボ効果」と言います。

誰でも、〝条件づけ〟や独自の〝ジンクス〟というものを持っています。たとえば、「私が外に出ると雨は止むから、傘は持たない」と豪語する自称〝晴れ女〟さんや「大事な商談は、奮発して買った高級ボールペンでサインすると、商談はこちらに有利になる」や「新しい取引先に伺うときには右足から入る」などは、これをやるとうまくいくといったようなものや、昔から言われている「お茶に茶柱が立つと縁起がよい」などは迷信だとわかっていても、本当に茶柱が立つとうれしくなって気分が上がります。

〝条件づけ〟や〝ジンクス〟で本当に安心できたり、また気分が上がったりするために、「止めたら悪いことが起きそう」という思いが頭をかすめて、あなたも幼い頃からやり続けていることがあるのではないでしょうか。他の人からすると、「バカバカしい」と思われることでも、〝ジンクス〟を実行することで、気分が落ちついて安心できることは、あなたも知っているはずです。〝条件づけ〟や〝ジンクス〟はよく作用すると、気分を上げたり安心できたりします。

でも、彼女のように悪く作用すると、自分でも気づかないうちに他者評価ばかりを気にして、本来の自分の人生を生きられないようになってしまいます。よくも悪くも作用する〝条件づけ〟や〝ジンクス〟は、自分に影響を与える強力な自己暗示のようなものであることは間違いありません。

だとすると、あなたによい影響を与える〝ジンクス〟をあらかじめつくっておくことをお薦めします。そして、何か落ち込むことが起こったとき、なかなか立ち直れないときに、あらかじめ用意しておいた〝ジンクス〟を、早い段階で立ち直るために役立ててください。

2 ● あなたは自分の〝直感〟を活用できていますか？

突破口を見出せる人の特徴は〝気づける〟ことです。

目の前に壁が立ちはだかったときに、「私には絶対にムリだ」「こういうのは向いてない」

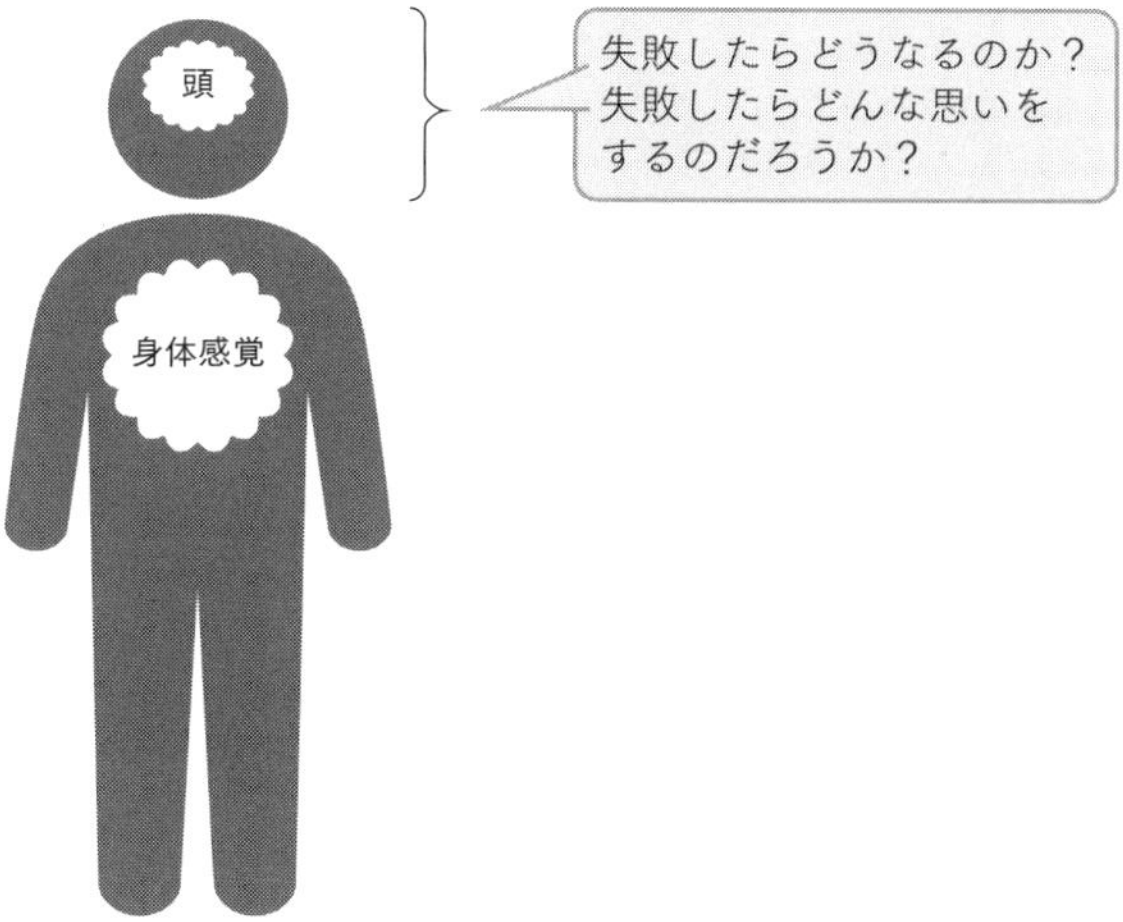
頭
身体感覚
失敗したらどうなるのか?
失敗したらどんな思いを
するのだろうか?

「やりたくないな~面倒だ」と、初めから諦めてしまう人はレジリエンス力が弱いと言えます。

壁を乗り越えられない人は、課題に対して最初から「無理」と決めつけていたり、自分の「力」を過小評価する傾向があります。たとえ失敗したとして、その失敗の中でもいつかできると考える楽観性も、レジリエンスには重要な要素です。

レジリエンス力が高い人は、頭が柔軟な人と言えます。頭が柔軟だからこそ、ひとつのことにこだわって留め置かれているのではなく、自由な発想ができるため、「あっ! そうか!」「もしかしたら……」と閃きがやって来るのです。〝気づき〟とは、閃きであり直感です。直感とは、「あっ!」と気づくも

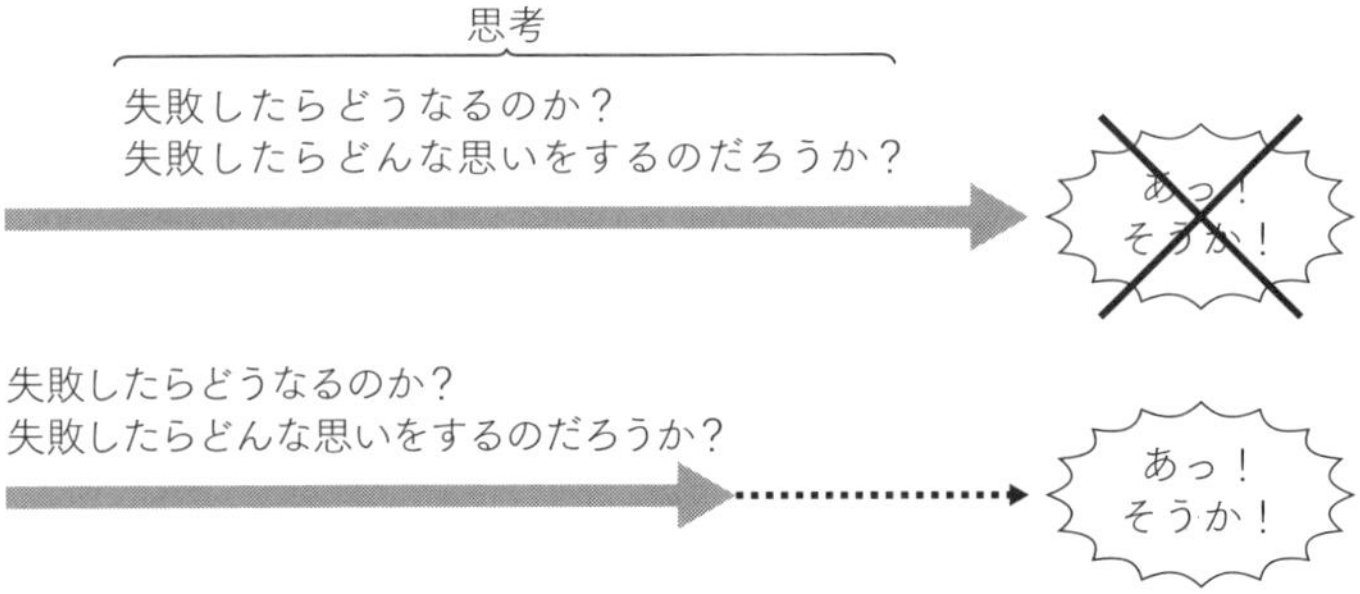
思考
失敗したらどうなるのか？
失敗したらどんな思いをするのだろうか？
あっ！
そうか！
失敗したらどうなるのか？
失敗したらどんな思いをするのだろうか？
あっ！
そうか！

のです。この直感は、頭で思考して起こるものではありません。

考えて、考えて、考え抜いた結果、思考の先に閃いたとはならないはずです。直感とは、思考して諦めた頃に「降りてきた」「ひらめいた」という表現になるはずです。

まず、何か問題が起こったとき、①あなたはその事柄に意識がフォーカスします。そして、②その事柄について思考します。③しかし、いくら考えても解決策を見出すことができない。④すると、頭に「わからない」という空白を持つことになります。「空白」とは、「わからない」状態のことを言います。脳は空白ができると危険だと察知し、自動的にその空白を埋めようとします。「空白」を埋めるとは、「答えがわかる」「理解する」といったことです。

私たちの脳は、「わからないこと」を嫌います。あなたも、考えることをあきらめたとき、ふと閃いた経験があるのではないでしょうか。これらの現象は、脳の性質に深い

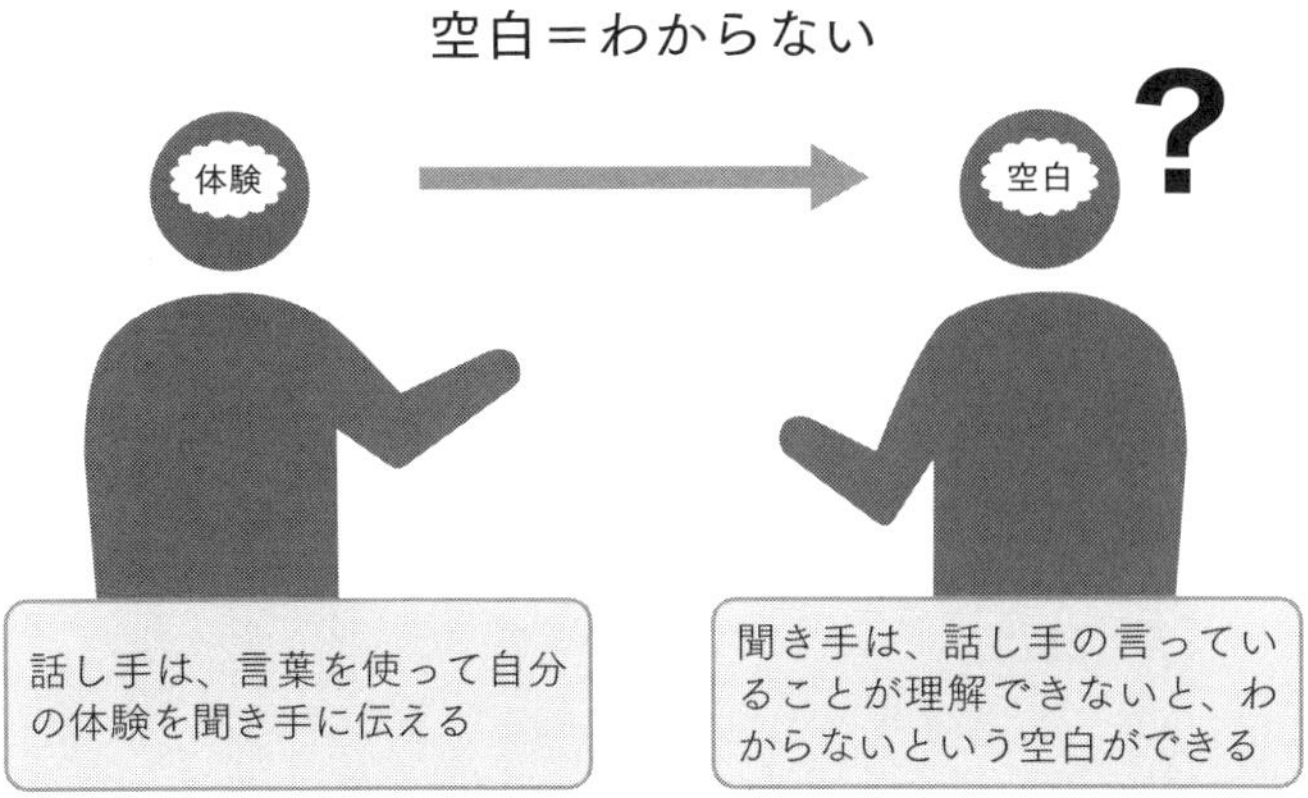

関係があるからで、人間である限り、影響を受けてしまうのです。

考えることをあきらめたときにふとひらめく経験が、まさに空白が埋まった瞬間であり、直感が働いた瞬間です。ビジネスでもスポーツでも、「成功者」と呼ばれる人ほど、優れた直感力を持つと言われますが、直感力はどんなときに磨かれるのでしょうか？　ここでは、直感力の鍛え方をいくつかご紹介していきます。

まず、当たり前のようですが「こっちのほうがよさそう」と思った自分の直感を信じることです。「こっちのほうがよさそう」と思った瞬間を見逃さず、そのとおりに実行してみることです。

レジリエンス力の低い人は、考えて行動しないという傾向があります。と言うより、考えるといっても、「失敗したらどうなるのか？」「失敗したらどんな思いをするのだろうか?」といった、失敗に対する恐れや不安が思考の大半を占めているのではないでしょうか。まずは、ランチのメニューやテレビ番組のチョイスなど、簡単なことから始めてみてください。解決策はシンプルです。次に、「こっちのほうがよさそう」と思った瞬間を見逃さず、そのとおりに実行してみることです。

そして、直感力を磨く方法の2つ目は、リラックスした状態をつくることです。たとえば、アロマや入浴、休みの日には自然に触れるなど、意識的にリラックスできる環境をつくることです。とくに、五感を活性化させるためにもっとも効果的な方法は自然に触れることですが、それが難しければ、ランチタイムに近くの公園で深呼吸する、部屋に生花を生ける、観葉植物を育てるなどでもリラックスした状態が保てます。

スティーブ・ジョブズが「禅」を取り入れていたように、リラックスした状態で自分と向き合う時間を取り入れて直感力を磨いていきましょう。

3 ● 自分を変えることは難しい!?

ここまで読み進められて、自分を変えたいと思って本書に書かれていることを実際にやってみたという方もいらっしゃるのではないでしょうか。

あなたは、落ち込んだ状態からなかなか立ち直れない自分を変えたいと思って本書を手に取ったはずです。言うまでもなく、**変わりたいと思う気持ちを持つことが、自分を変える最初の一歩です。そこに気づいている時点で、すでに以前のあなたとは違い、変わり始めています。**でも、その次に大きなポイントとなるのは、**変わりたいという思いとそれに対する行動を維持することです。**あなたは、自分を変えるための行動を続けることができていますか？

本書を読んでいるあなたは、今までも「自分を変えたい！」と、何か新しいことにチャレンジした経験があるはずです。たとえば、ダイエット、ティラピスやヨガ教室、陶芸、英会話、料理教室、朝活のサークル、新しいことにチェンジしてキラキラしている友人を見るたびに「私も、仕事ばかりじゃなくて趣味を見つけよう！」とネット検索しては、体験教室に申し込む。そして2、3回通っては、「今は、仕事が忙しいから、もう少し落ち着いてから再開しよう」と納得できるような、できないような理由で、せっかく通い始めた教室を退会してしまう。そして、また仕事漬けの毎日。どうです？ 当てはまる方もいらっしゃるのではないでしょうか。

「自分を変えたい！」と思うことは素晴らしいことだし、これからも人生の中でもたびたびあることだと思います。では、実際に変われた人と、変われない人では何が違うのでしょうか？　あなたの周りに成長をとげている人、ダイエットに成功した人、多趣味でキラキラしている人とあなたとは何が違うのでしょうか？

あなたは、「あの人は、とりあえずやってみるという人だから」「好奇心旺盛だから」「行動力があるから」と思うかもしれませんが、**実は、人は変わるために行動を起こすこと自体は簡単にできても、自分を変える行動を維持し続けることが難しいのです。**

たとえば、早起きして朝活して朝の時間を有意義に過ごそうと決意しても、2、3回は早起きできて、いくら朝活が有意義だったとしても、しだいに「今日はパスしよう」や「今日ぐらい休んでもいいかな？」「最近、残業が多かったし……」となり、気がつけば「そう言えば、朝活していた時期もあったな」と懐かしむくらいに「朝活しよう！」と決意した意気込みまですっかり忘れてしまっているということはないでしょうか。つまり、変われた人と、変われない人の違いは、自分を変える行動を維持し続けることができるかできないかの違いなのです。では、なぜ自分を変える行動を維持し続けることが難しいのでしょうか？

何かを始めようと強く決意したのに続けることができなかったとき、あなたの頭の中ではどんなことがささやかれていたのでしょうか？　思い出してみてください。ここがポイントになります。

たとえば、「朝活よりも睡眠時間のほうが大切だよ」とか、「もっと時間に余裕ができたときに再開したらいいよね」とか、「朝活って、もっと自分に厳しい人にしかできないよね」とか、「面倒くさいな〜、私には向いてないな〜」などといった言葉がささやかれて、その言葉にあなたはしたがった結果、せっかく強い決意で始めた朝活を止めてしまうということになったはずです。

では、なぜあんなに強い決意で「やりたい!」と思って始めたものを「止めたほうがいいよ」「やらないほうが正解だよ」「やっても無駄だよ!」といった言葉がささやかれるようになるのか? それは、やった結果が「わからない」からです。1章でもお伝えしましたが、「わかっている」と「わからない」の違いはコントロールできるかできないかで、よくわかないことはコントロールできない状態であり、安心・安全を求める性質を持つ脳にとっては、危険な状態です。

つまり、やってみた結果が「わからない」ために、コントロールできない＝危険だと脳が察知して、「止めたほうがいいよ」「やらないほうが正解だよ」といった言葉がささやかれると考えられます。朝活をした結果、「朝の時間を有意義に過ごせ、一日の仕事がはかどり、1年後には昇進することができる」という結果が「わかっている」のであれば、必

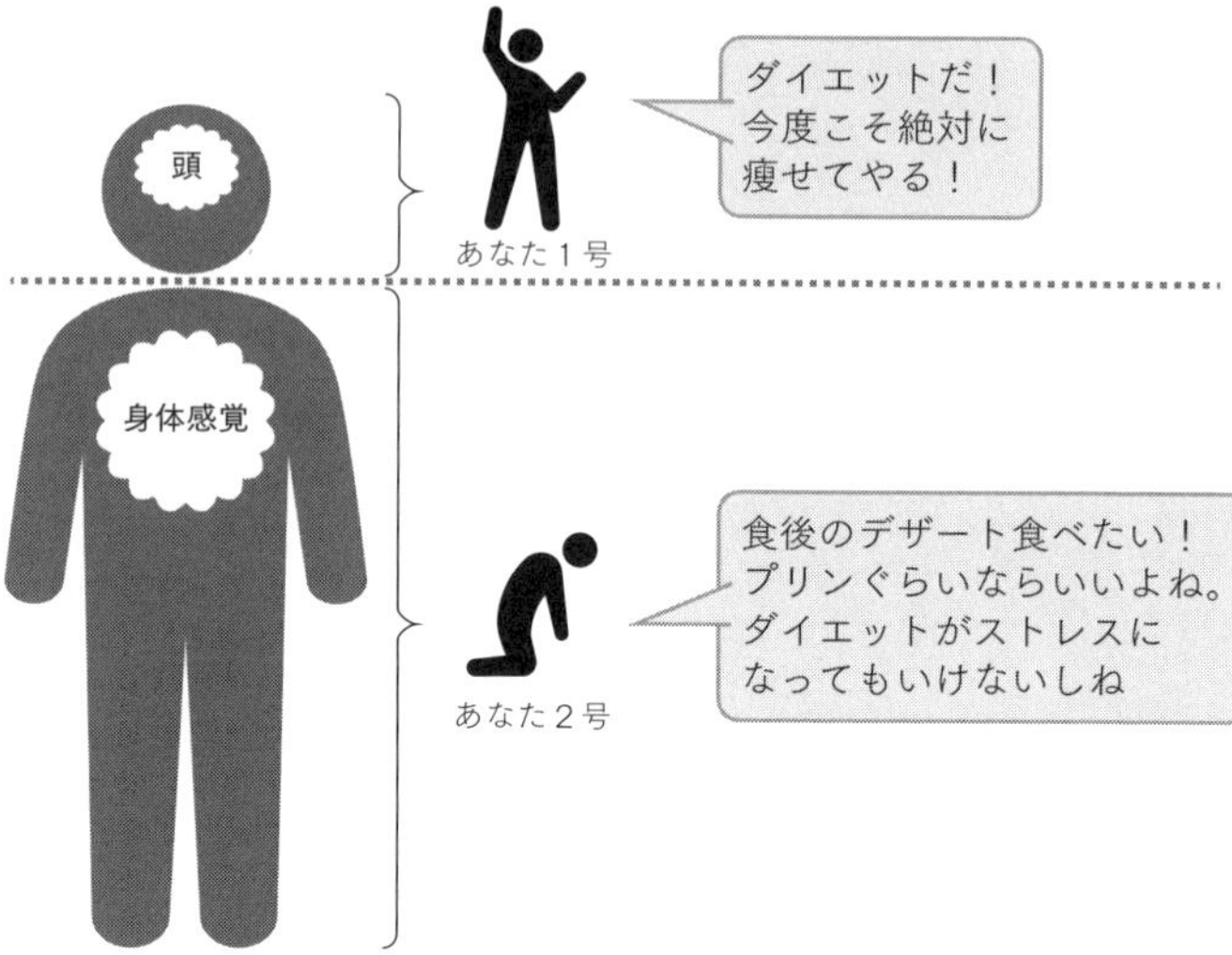
頭
身体感覚
あなた１号
ダイエットだ！
今度こそ絶対に
痩せてやる！
あなた２号
食後のデザート食べたい！
プリンぐらいならいいよね。
ダイエットがストレスに
なってもいけないしね

ず朝活は続くはずです。今、あなたが辛いと思っているダイエットも、「半年後に５kg痩せることができて、あのブランドのワンピースを素敵に着こなしている」ことが「わかっている」のであれば、辛いダイエットも続けることができるはずです。もっと言うと、辛いと感じることなく楽しみながらダイエットできているかもしれません。

でも、「やってみた結果」ということは、未来のことです。未来のことを「わかっている」という人は、あなたがどんなに優秀であったとしても「わからない」はずです。では、どうしたらいいのでしょうか？　「わからない」未来のことを「わかる」に変えるには、どうしたらよいのでしょうか？

それは、頭で「わからない」ことを、身体に「わかる」と腑に落とすことです。腑に落とすとは納得がいくということですが、「腑」は「心底」や「はらわた」を意味します。**言葉通り、やってみた結果を「心底に落とす」ということがポイントになります。**

4 ● 変化のカギとなるポイントを発見する！

前項でお伝えしましたように、自分を変えるための行動を維持し続けるためには、頭で「わからない」ことを、身体に「わかる」と腑に落とすことです。やってみた結果を、「腑に落とす」ということがポイントになります。

疑似体験して、どれだけ腑に落とせることができるのかがポイントであるなら、アソシエイトでイメージしたほうが強力にイメージできます。４章でくわしくお伝えしていますが、アソシエイトとは、物事を主観的に一体化した状態で認識していること、逆にディソシエイトとは、物事を客観的に自分と分離した状態で認識していることです。

アソシエイトでイメージするために、まずあなたが「どうなりたいのか」というゴールを決めてください。「とにかく、今の自分ではダメだ！　変わりたい！」という思いだけではなく、自分を変えて「どうなりたいのか？」「何を実現したいのか？」「変わった先には何があるのか？」というゴールを明確にするのです。

そして、アソシエイトでリアルにイメージをして、視覚、聴覚、身体感覚（味覚、触覚、臭覚）を総動員して臨場感豊かにありありと感じることができたら、実際に得たいゴールを体験するときには2回目の体験です。何でもそうですが、2回目を体験するときのほうが、初めて体験する1回目よりもハードルは下がっています。初めての体験は、「わからない」ために緊張してしまい鼓動が早くなったり、身体が固くなったりしてしまい、リラックスした状態では臨めず、思ったような結果や成果があがらないことがあります。1回目で緊張してしまい思うように望めなかったことでも、2回目はそれほど緊張することなく、不安や迷いもなく自由な発想をもって臨むことができるはずです。リラックスした状態で臨むからこそ、ゴールが達成しやすいのです。

ゴールが明確になったら、ゴールを達成したとき、ゴールを達成しているときに感じている五感の質に意識を向けてみてください。何が聞こえるのか？　何が見えるのか？　どんな身体感覚なのか？

五感の質は、視覚、聴覚、身体感覚の質のことを指します。五感を細分化したものが五

アソシエイト

箱の中に入り込んでいる状態

アソシエイトの状態

感の質です。

このリストは、何を変えれば変化できるかを教えてくれるリストです。具体的に何を変えればよいのかがわかり、初めて私たちは変化することができるのです。

「五感の質」を変えるには、まずそれを発見しなければなりません。まずは、あなたの「好きな人」と「嫌いな人」を比較して、その違いを明確にしていきましょう。どれだけの差異があるのかを明確にすることで、今の自分の状態がわかります。

まず、あなたの「五感の質」を知るために、①「好きな人」を思い浮かべてください。そして、②「好きな人」を思い浮かべたときの五感の質を書き出してみてください。わかるところだけでかまいません。

具体的に「好きな人」を思い浮かべて、その「①イメージの位置」を特定します。たとえば、やや中央よりも右側なのか左側なのか、上側なのか、あなたが思う位置を書き出していきます。その要領で「②距離」へと進み、自分からの距離を明らかにしていきます。そして、「⑨動画／静止画」なのかを特定します。次に、「嫌いな人」の五感の質を明確にしていきます。「好きな人」でやった要領で進めてください。ほとんどの項目で両者が異なっていることに気づくはずです。

次に、「五感の質の変更」のワークを行ないます。このワークでは、①から⑩の項目の

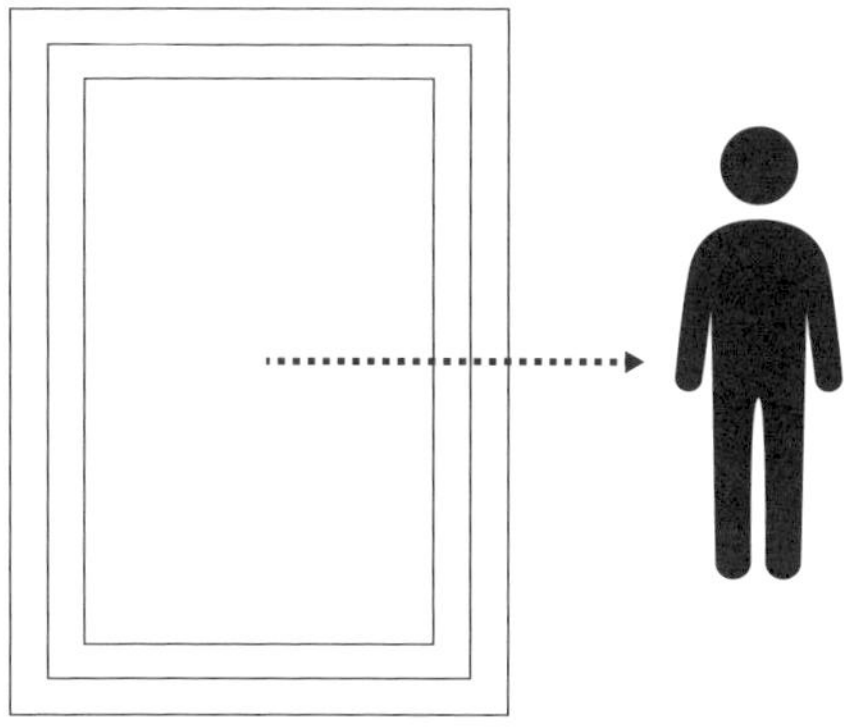

ディソシエイトの状態

五感の質

五感	五感の質
視覚	明るさ、大きさ、色、フレームの有無、形、距離、コントラスト、動画／静止画、立体／平面、アソシエイト／ディソシエイト、カラー／白黒、画面の数、動きの速い／遅い、焦点
聴覚	音の速さ、音量、リズム、連続的／断続的、音色、音調、音の明瞭さ、調和、言葉、音の質、音の位置
身体感覚	重さ、圧力、位置、範囲、温度、動き、物質の強度、におい、湿度

五感の質の発見

視覚	好きな人	嫌いな人
①イメージの位置		
②距離		
③大小		
④全体／部分		
⑤明るさ（暗さ）		
⑥鮮明度		
⑦カラー／モノクロ		
⑧平面／立体		
⑨動画／静止画		
⑩その他の特徴		

五感の質の変換

視覚	もともとの点数	変換後の点数
①イメージの位置	10点 ➡	
②距離	10点 ➡	
③大小	10点 ➡	
④全体／部分	10点 ➡	
⑤明るさ（暗さ）	10点 ➡	
⑥鮮明度	10点 ➡	
⑦カラー／モノクロ	10点 ➡	
⑧平面／立体	10点 ➡	
⑨動画／静止画	10点 ➡	
⑩その他の特徴	10点 ➡	

「五感の質」を順番に変更していきます。各項目ごとに、直感的に「こう変えたらいいいんじゃないの？」「こうしたら楽かも？」と思った方法で変えていきます。たとえば、「①イメージの位置」では、「嫌いな人」が見える位置が右寄りだったら、下側へ移動させてどうなるのかを試してみます。移動させることで気持ちが楽になっていけば、その「五感の質」の変更は効果的だということになります。

前項で、「人は、他人や出来事そのものに影響を受けているのではなく、自分が被せたイメージによって影響を受けます」とお伝えしました。自分で被せてしまったイメージを明確にして、そしてイメージを変えていくのです。それを変えると、反応（感じ方）が変わるのです。

そして、「五感の質」の変更によって楽になったら、どの程度楽になったのかを数値化します。もともとの点数を10点として、変更後に何点ぐらいになったのかを書き出してください。ここには、「五感の質」に関する10の項目がありますが、全部を変えなければ「気持ち、感じ方」が変わらないというものではありません。変化のカギとなる、ひとつか2つの「五感の質」を知っていれば、それを変えるだけで十分な変化が起こります。

5 ● あなたが「今」イメージしたものがすべて!?

ここからはいよいよ、「五感の質」を使って、自分を変えていく効果的な方法をお伝えします。

まず、前ページで「変化のカギとなる五感の質」を発見しました。そして、「変化のカギとなる五感の質を、2つか3つ重ねて変更」します。「五感の質」の変更は、この2つの段階だけです。

まず、「今の自分の状態」の「①イメージの位置」から扱っていきます。1～10のスケールは、もともと点数が10点で、0点はまったく憂鬱な感じやネガティブな感じがない状態を指します。ここで、次の「②距離」へ進む前に、必ず元の位置へ戻します。次に、「②距離」が1メートル先であれば、これを10メートルほど先にしてみます。すると、感じ方の変化があるはずです。その変化を1～10のスケールで評価します。このように「五感の質」を変化させることによって、反応（感じ方）が悪化する場合もあります。その場合は、速やかに元の「五感の質」に戻してください。そして、「③大小」で、自分のサイズを変更してみます。サイズを小さくすると憂鬱な感じが和らぐと話される方が多くいます。そして、元のサイズに戻します。次は、「④全体／部分」は、上半身だけ見えているものを全体にしてみる。そしてスケールで評価して、元に戻す。この繰り返しで、「変化のカギとなる五感の質」を絞っていきます。

たとえば、【視覚】「距離（－6）」「動画／静止画（－8）」、【聴覚】「音声の有無（－5）」、【身体感覚】「温度（－6）」であれば、【視覚】「距離」⇑「動画／静止画」の順に変更します。

そして、次の【聴覚】に移る前に、元の五感の質へ戻さずに五感の質を変更して、その情報を上書き保存します。

そして、「今の自分の状態」の五感の質を変更してから、「なりたい自分の姿」を鮮明に

五感の質の発見と変換

視覚	今の自分の状態	変換後の点数
①イメージの位置		
②距離		
③大小		
④全体／部分		
⑤明るさ（暗さ）		
⑥鮮明度		
⑦カラー／モノクロ		
⑧平面／立体		
⑨動画／静止画		
⑩その他の特徴		

イメージしていきます。もちろん、そのときも五感の質を十分に感じてください。イメージを変えるだけではなく、五感の質を変えることで、脳はより臨場感をもって新しい情報を現実だと認識します。

今の状態が憂鬱で、将来に対して希望を見出せない状態では、「なりたい自分の姿」を鮮明にイメージすることができません。イメージできたとしても、そのイメージは本当に「なりたい自分の姿」でしょうか。今のあなたの状態がすべてです。1章でお伝えしました通り、「**『今』が何十にも何百にも何千にも重なった結果が『未来』です**」。というのは、言い換えると、**あなたが『今』イ**

五感の質の発見と変換

聴覚	今の自分の状態	変換後の点数
①音声の有無		
②音声の高低		
③音量		
④リズム、テンポ		
⑤その他の特徴		

五感の質の発見と変換

身体感覚	今の自分の状態	変換後の点数
①温度		
②感じる場所		
③感じの強弱		
④重さ		
⑤硬さ		
⑥その他の特徴		

メージしたものがネガティブなのかポジティブなのかで、あなたの将来が変わっていくとも言えます。

脳は、リアルに腑に落としてイメージすると、現実にそれが起こったときと同じ神経回路に指令が走って身体に反応を起こします。このことをご説明するのに、私はセミナーでよく梅干しの話をします。私が住む大阪市内から比較的、交通の便もよく気軽に行ける行楽地として和歌山県があります。和歌山県の名産といえば、有田みかん、紀州梅が有名ですが、私は梅干しが好きなので和歌山県に行くと、必ずお土産として梅干しを買って帰ります。

つい先日、和歌山県に行ったときお土産物屋さんで売っていた、一粒ずつパッケージされている、直径5㎝くらいのプニプニの梅干しを買って帰りました。この梅干しは、最近スーパーでよく売っているようなハチミツ味の甘い梅干しではなく、真っ赤でプニプニの表面には岩塩の結晶がついているような、昔ながらの製法を守った梅干しで、お箸でプチッと少しとって食べると耳の下がキーンとなるぐらい酸っぱい梅干しでした。

今、あなたの口の中は、どうなっていますか？

梅干しを見たわけでも、口にしたわけでもないのに唾液が出ているはずです。この現象は、脳は現実とイメージの区別がつかないことを意味しています。自分がイメージしたもので、身体が反応したということになります。梅干しをイメージして、身体が反応して唾液を出した（反応）のです。

あなたが「なりたい自分の姿」を鮮明にイメージできれば、脳がそのイメージを〝事実〟として認識します。すると、脳や身体がそれに応じた変化を起こし始めるのです。

イメージトレーニングをトレーニングの一環として取り入れているプロの陸上選手は、自分がトラックで走っているイメージトレーニングを行なうと、走っているときに実際に使われる筋肉が活性化されて脈拍が上昇するそうです。イスに座って目を閉じてイメージするだけなのにです。

脳で鮮明にイメージして腑に落としたことは、脳は現実なのだと勘違いして脳や身体がそうなるように反応します。この脳の機能は、すべての人に備わっているものです。もちろん、あなたにも備わっています。あなたは今まで、ネガティブエネルギー全開で自ら落ち込む状態を、よけいに引き寄せていたのかもしれません。この脳の機能は、よくも悪くも私たちに大きな影響を与えます。この機能を理解して活用できれば、「なりたい自分」を実現できます。

6 ●「あなた」と「あなた」のセルフトークは大丈夫?

脳の機能は前項の通り、脳はイメージと現実の区別がつかないために、梅干しやレモンをイメージするだけで唾液が分泌されるといった身体的反応が起こります。梅干しやレモンの話を聞くと、脳が勝手にイメージして唾液を分泌させたということ、ここがポイントです。ふだん、私たちが使っている言語には、必ずイメージが伴います。勝手に脳がイメージしてしまうのです。

1章でもお伝えしたように、人は話を聞くと自動的に自分の体験(記憶)と結び付けてしまいます。脳がわからない状態を危険だと察知して、自動的に瞬時に空白を埋めようと理解するために必要な記憶とつながります。

「わかっている」と「わからない」の違いは、コントロールできるかできないかです。よくわかないことはコントロールできない状態であり、安心・安全を求める性質を持つ脳にとっては危険な状態です。したがって、人間の脳は、よくわからない出来事に遭遇した場合、多くは自動的に記憶を総動員して理解しようとフル回転します。

あなたが、他者とコミュニケーションをとるとき、主に言語を使います。本書を読まれている方であれば、主に日本語を使っているはずです。そして、あなたが自分自身とコミュニケーションをとるときにも言語を使っているはずです。ここでは、ふだんは意識しないことだと思いますが、自分自身とのコミュニケーションを考えてみてください。今この瞬間も、自分とのコミュニケーションをとっているはずです。「自分とのコミュニケーションって何?」や「そういえば、コミュニケーションとっているな」といったような心の声です。この心の声は自分で自分に質問をしたり、自分に話しかけているセルフトークは自分とのコミュニケーションと言えます。

また、今日一日を振り返ってみて、またはこの1時間を振り返ってみて、どんな自分とのコミュニケーションがあったでしょうか? まず、いつもの1日をセルフトークを意識して過ごしてください。気づいたセルフトークは、メモに書き留めていくなどしてみてください。後で確認できるのであれば、どんな方法でもかまいません。そして、セルフトークを心の中でつぶやいたとき、または口にしたときのご自身の感情も含めて記録しておいてください。

たとえば、同じ「困っちゃうな」という言葉でも、前向きにうれしい悲鳴として口にしているのか、本当に困惑しているのかでは、あなたの内面で起こっていることはまったく違うはずです。そうして、1日分のセルフトークを改めて見てみると、ある傾向が見えてくるはずです。

自身のセルフトークに気づいたら、「よし、わかった」「よし、ストップ」「よし、終わり」「うん、そうだよね」と、いったん受け止めて完了させてください。もちろん、これで本当にあなたの思いが完了するわけではありませんが、いったん完了させるのです。なぜなら、落ち込んだ状態で考えていることは、「どうせ、私なんか」「私は何をやってもダメなんだ」「私にできることなんてないんじゃないかな」という自己評価が低い言葉だったり、もしくは「私が悪いわけじゃないのに！」「もっと私は評価されるべきなのに！」というような、他者を攻撃する言葉を使っているのではないでしょうか？　そうすると、落ち込んでいる状態のあなたの頭の中を占める言語は、ネガティブな言葉で占めているということになります。一説によると、人は一日4～6万回も自分とのコミュニケーションをとっているそうです。ネガティブな言葉が頭の中でグルグルしているあなたは、ネガティブな言葉や状況をキャッチしやすくなります。たとえば、あなたのプレゼンを聞いた同僚が、「今回のプレゼンは難しかったね」と言ったとします。落ち込んだ状態でネガティブな言葉がグルグルしているあなたは、「やっぱり、私の説明がわかりにくかったんだ」と受け取って、さらに落ち込んでしまうかもしれません。

でも、ニュートラルな状態で同じ言葉を聞けば、「難しいプレゼンだったとわかってくれていたんだ」と同僚が労ってくれたと受け取れるかもしれないし、プレゼン自体が問題だったと受け取っても、「難しかったたってことは、どこを改善したらよいものになるだろう」と、次のプレゼンに活かせる改善策に目を向けられるかもしれません。

落ち込んだ状態で解決策を見出そうとしても、難しいのは当たり前のことなのです。つまり、あなたの内面の状態でキャッチするもの、見えてくるものが違ってくるのです。

と言うことは、あなたが落ち込みからなかなか立ち直れないのは、ずっとネガティブトークを繰り返してしまっているからと言えます。自分のセルフトークは、ネガティブな言葉が多いのか？　ポジティブな言葉が多いのか？　で、自分の状態が変わります。

「そんなことを言われても、嫌な上司やできない部下に囲まれて、毎日嫌な思いをしているんだから、私に何ができるの？」と思われている人もいるかも知れませんが、まさにその思いこそ、無意識が変わろうとしているあなたを留め置こうとしている状態です。

「そんなことを言われても……」と思ったときに感じた感情こそ、無意識のあなたからのメッセージなのです。その感情に気づいたら、「よし、わかった」「よし、ストップ」「よし、終わり」「うん、そうだよね」と、いったん受け止めて完了させてください。

6

過去にとらわれず未来を創り出す方法とは?

未完了を断捨離する!

今では一般的となった「断捨離」という言葉を、あなたも聞いたことがあるのではないでしょうか。

断捨離とは、「不要な物を断ち、不要な物を捨て、物からの執着から離れる」を実践する片付け方のことを指します。断捨離の逆を言うと、今必要ない物をそばに置き、今必要でないものを手放せない、不必要な物に執着している状態と言えます。これは、「断捨離」できていない人は、「今」ではなく「過去」や「未来」に執着しているとも言えます。

たとえば、「買ってから一回も着ていないけど、いつか着るかもと思うと捨てられない」、「昔、友人がくれたどこかのお土産が捨てられない」、「とりあえずセールだったから買ったけど、何かに使うかもと思ってとりあえず置いてある」、「時間があるときに整理しようと思っている保険やら何やらの書類やお知らせが整理できない」、これらに、あなたは心当たりはありませんか?

意識して生活していなければ、日々「いつか着るかも」「何かのときに使うかも」「時間があるときにしよう」と思ったものが、そこら中に溜まっていきます。

この「過去」や「未来」に執着してしまう思考グセは、レジリエンスの低い人の特徴でもあります。落ち込んだ状態から、なかなか立ち直れないレジリエンスの低い人は、考えても仕方のない過去のこと（やってしまった失敗のこと）を何度も繰り返し考えてしまい、そして「未来」に対して、「ああなったらどうしよう」「こうなったらどうしよう」と、ネガティブな思考でグルグルと考えてしまいます。

その反対に、レジリエンスが高い人とは、柔軟な心で落ち込んだ状態から気持ちの切り替えが早い人です。そう考えると、柔軟な心を手に入れるためには、安心安全が確保されていて、心が落ち着けるリラックスできる空間に身を置くことが必要ということがわかります。

そして、気持ちの切り替えとは、落ち込んだ状態＝考えても仕方のない過去のことや（やってしまった失敗のこと）、考えても仕方がない未来のことを何度も繰り返し考えている堂々巡りの状態から、「今」に必要なことに集中している状態のことです。

どうですか？　あなたの部屋はリラックスできる状態になっているでしょうか？　部屋に帰れば、足の踏み場もないぐらいグチャグチャに散らかっているのであれば、あなたの心もグチャグチャで、自分で自分がわからない状態なのではないでしょうか。実際に、**自**

分が身を置く空間のエネルギーは、自分の心身にも影響を及ぼします。

あなたは、自分の部屋を見て余計に落ち込むなんてことはないでしょうか？　落ち込むまではなくても、「片づけようと思っているけれど、時間がなくて掃除できていないんだよね」という思いがあるのであれば、その思いがあなたから立ち直るためのエネルギーを削ぎ取っています。そして、ますます落ち込んだ状態をキープしています。

「片づけようと思っているけど、時間がなくて掃除できていないんだよね」と言っている人の言葉の奥には、少なからず「罪悪感」が伴うはずです。あなたは、心の奥底では「片づけたい」と思っているけれど、「時間がないから汚れた部屋でもいいんだ」と納得していますか？　どちらかと言うと、心の奥底では「片づけたい」と思っているのだけど、休みの日は何をするわけでもなくダラダラと過ごしたり、夜遅くまでテレビを観て昼間まで寝てしまったり、「あぁ～また時間を無駄にしてしまった」と、あなたは知っているはずです。**人は自分にはウソをつけません。**でも、人は自分にウソをついて、そのウソに対して罪悪感を持ちつつ、「時間がないから仕方がない」と誤魔化しているのです。

あなたが生活する部屋は、あなたの心を表わしています。つまり、部屋がグチャグチャで整理されていない雑然とした状態は、自分の心もグチャグチャで何を考えるべきなのかの優先順位がつけられていない状態と同じということです。優先順位がつけられていない

未完了の断捨離

未完了リスト	進捗状況	完了日
クローゼットの整理整頓	8/10の休みの日にやる!	
歯のクリーニングに行く	8/1に予約した!	8/1に完了!
食後にアイスクリームを食べることをやめる	夕食のアイスクリームはやめるに変更	

から、考えても仕方のない「過去」「未来」のことをグルグルと考えてしまうのです。

「断捨離」とレジリンスは一見、無関係のようですが、**「今」に集中できる環境に身を置くことがレジリエンスを高めるためには有効です。**あなたが、「やろうと思っていてやっていないこと」「やめようと思ってやめていないこと」のリストをつくってみてください。そして、そのリストを一つひとつ片づけていくのです。あなたの未完了を断捨離するのです。

人は自分ではさほど意識していなくても、「やらなくて罪悪感があるもの」があると、心に負荷がかかります。人は、見たくないもの、嫌いなもの、罪悪感あるものに囲まれていると、心に負荷がかかります。すると、身体や心は固くなります。自分の好きなものに囲まれていると、心が軽くなり幸せな感覚になります。すると、身体も心もリラックスします。

こんな風に、自分が暮らす部屋は、自分の身体と心にも影響を及ぼしています。あなたが暮らす部屋は、あなたの立ち直りを邪魔している要因にもなります。「クローゼットの整理整頓」「お風呂上りのビール」「食後のアイスクリーム」「歯のクリーニング」「読まなくなったビジネス書の処分」など、やろうと思っていて手をつけていないことや、何となく気になっているけれどやっていないことを、大小にかかわらずリストアップしていくのです。

そして、それらを一つひとつ完了していくとエネルギーが上がり、いつの間にか落ち込んでいた状態から立ち直っている自分に気づくはずです。これは、未完了のものがあると、「何となく不安だ」「何となく気になる」「何とかしなければならない」という不安や焦りの感情だけがいつまでも心に負荷をかけている状態です。先にも言ったように、人は自分に嘘がつけません。すると、常に「何となく不安だ」「何となく気になる」「何とかしなければならない」という負荷がかかっているところに、さらに大きな負荷がかかってしまうと、何をどうしてよいのかわからず、立ち直れない状態をキープすることになります。未完了の断捨離は、シンプルですが効果は大きいものです。

2 ● 実は、落ち込んで立ち直れない自分が好き⁉

前項では、あなたが生活する部屋の状態は、あなたの心の状態を表わしているということをお伝えしました。一見、整理整頓されている部屋でも、他人の目に触れる場所はきれいでも、誰も入らない部屋は乱れていたり、机の引き出しの中はグチャグチャで何が入っているのか一回、引き出しの中身を全部出さないと見当がつかないということはないでしょうか? これは、意識と無意識の関係に似ています。一見、整理整頓されているきれいな部屋でも、人目につかない誰も使わない部屋や引き出しは物で溢れてグチャグチャな人は、人ともそれなりにうまくやっているようでも、その裏側では実は傷ついていたり、本当の気持ちを素直に言えなかったり、自分を押し殺している傾向があります。生活する部屋だけでなく、職場のデスクも同じことが言えます。あなたのデスクの上は、書類が山積みではありませんか? デスクの引き出しは整理整頓されていますか? デスクに書類が山積みで雑然としていても、「何がどこにあるかわかっている」と豪語する人がいます。

でも、そういう人に限って、傷つきやすいくせに傷ついていることを他人に気づかれたくない（弱味を見せたくない）、負けず嫌いで融通のきかない頑固さんではないでしょうか。

あなたが、落ち込んだ状態からなかなか抜け出せずに立ち直りたいと思っているとします。ですが、実は、無意識では今の状態の継続を望んでいるのです。あなたは、落ち込んだ状態が好きなのです。

私もあなたも、自分で望んだ通りの世界を生きています。こんなことを言うと、「今日も上司に嫌味を言われるし、部下は仕事ができないのばかりだし、彼もいないし、お金もないし、どこが思い通りなわけ⁉」となるかもしれませんが、この「思い通りではない」という思いが強ければ強いほど、思い通りの人生ということになります。まだ、「はぁ〜⁉」ですよね。くわしく説明していきます。

あなたは、自分の思い通りになるわけがないと強く思っているんですよね。すると、思い通りではない現実を見て、「ほら、やっぱりね。思った通り！」とクイズで正解を導き出したときのような感覚を一瞬でも持つのではないでしょうか。

この感覚は、あなたが「人生は思い通りではない」と強く信じているからと言えます。

私たちは、自分の信じていることや感覚を肯定したいと望んでいます。自分の信じていることを現実として見て、「ほら、やっぱりね。思った通り！」と確認して生きています。

もっと言うと、「ほら、やっぱりね。思った通り!」と感じた瞬間の感覚は、「快・不快」のどちらかに分けるとしたら「快」の感覚のはずです。「ほら、やっぱりね。思った通り!」と感じた瞬間です。その後の「あぁ～、何で私だけがこんな思いをしないといけないの!」と感じたときの感覚ではなく、「ほら、やっぱりね」と感じたときは「快」の感覚なはずです。ということは、あなたがその結果を意識的、無意識的にかかわらず望んでいたということです。

私たちの世界は、「表・裏」、「光・影」、「正・負」、「右・左」のように2面で成り立っています。2つでワンセットの世界です。必ず、光があれば影があり、表があるということは裏もあります。2つでワンセットとして成り立っている世界ですから、「疑う」があれば「信じる」でワンセットです。

あなたが、何かを疑っているということは、何かを信じているということになります。その信じていることを見て、聞いて、体験して、「ほら、やっぱり」と確認して「快」の感覚を得ているということです。

冒頭で言いました、私もあなたも「自分で望んだ通りの世界を生きている」を言い換えると、私もあなたも、「自分が信じた通りの世界を生きている」ということになります。でも、意識では現実の世界を望んだおぼえはないですよね? いくら無意識で望んだことであっても、意識では望んでいないのです。では、無意識で望んだ通りにするためにはどうしたらよいのでしょうか？

私たちの現実は無意識で望んだ通りです。あなたが落ち込んだ状態をキープすることによって、守られていることがあるはずです。そこがわかれば、無意識が望んだことが意識でわかるはずです。そして、無意識で望んだことがわかったら、それを「そうなんだ」と受け入れるのです。決して、「こんな思いがあったからダメなんだ」と否定してはいけません。

無意識は、いつでもあなたの味方です。あなたを守るために、そう思わせていたのです。否定するということは、無意識では、肯定していることになります。そうすると、また手を変え品を変えて、同じことを繰り返すことになります。

「そうなんだ」と受け入れられなくても、何度もやっていくうちに自然と受け入れやすくなっていくはずです。これは、一度やって終わりではなく、何度も繰り返して無意識に刷り込ませることが大切です。

まず、あなたが落ち込んでいる状態だから守られていることを考えてみてください。たとえば、「同僚や上司が気を遣ってくれる」「新しいプロジェクトの話がまわってこない」「みんなが優しくしてくれる」など、あなたが落ち込んでいるから起こっている現象を書き出

落ち込んでいる状態だから守られているもの

- 同僚や上司が気を遣ってくれる → 特別扱いしてほしい、構ってほしい、寂しい
- 新しいプロジェクトの話がまわってこない → 不安を抱えずにすんだ、不安になりたくない
- 皆が優しくしてくれる → 甘えたい、女性として扱ってほしい、癒されたい
-
-
-
-
-
-
-
-

してみてください。そして、その現象が起こることで、あなたはどんな思いが満たされていると思いますか？

たとえば、「同僚や上司が気を遣ってくれる」＝特別扱いしてほしい、かまってほしい、寂しい。「新しいプロジェクトの話がまわってこない」＝不安を抱えずにすんだ、不安になりたくない、自信がない、安心したい。「みんなが優しくしてくれる」＝甘えたい、女性として扱ってほしい、癒されたい。

あなたが隠していた望みがわかれば、声に出してみてください。「寂しかったんだ」「自信がなかったんだ」「甘えたかったんだ」と声に出して、受け入れるのです。そうやって無意識に刷りこませることが大切です。

3 ● 瞬時にやる気がみなぎるアンカリング

ＮＬＰ（神経言語プログラミング）の技法に、アンカリングというものがあります。アンカリングとは、五感からの情報がキッカケとなって、何らかの感情や記憶や行動が呼び起こされる条件反射のようなもので、ＮＬＰでは意識的に五感の刺激と身体的反応を結びつけることを言います。そして、特定の感情や記憶や行動を引き起こすキッカケとなるものをアンカーと言います。

あなたには、どんなアンカーが身の回りにありますか？　実は、私たちの身の回りにはアンカーが溢れています。たとえば、街中でフッと聞こえてきた、学生時代に聞いていたバンドの曲を聞くと学生時代の気持ちに戻ったり、一緒によく聞いていた彼のことを思い出して懐かしい気持ちになったり、キレイな海を見て、初めての海外旅行でハワイの海を満喫したことを思い出したり、するとハワイのにおいや日差しの強さを思い出したり、また、厳しく上司に叱られた会議室に行くと、叱られたことはさほど思い出せなくても、なぜか気持ちが沈むということがあるかもしれません。出先で会社の携帯が鳴ると、嫌な気持ちになるのは、過去に会社携帯で悪い知らせを聞いたときのことがアンカーとなっているからです。

アンカーには、大きくわけて2つのパターンがあります。ひとつは、反復によって作り出されるものと、強いインパクトが伴った特定の行動をとったときの2つです。なので、アンカーは自然につくられることもあれば、意図的につくり出すこともできます。トップアスリートは、よくこのテクニックを使っています。

あなたも、自信に満ち溢れているときと自信がないとき、やる気のあるとき、やる気がないときのメンタルは違うはずです。アンカリングとは簡単に言うと、自分のメンタルを意図的に上げる方法です。あなたが、落ち込んだ状態から立ち直るための手助けとなるものです。では、アンカリングをつくる手順を説明していきます。

ステップ1 自信に満ちている瞬間を思い出す

あなたが、一番自信に満ちて、やる気がみなぎっている瞬間を思い出してみてください。ワクワクする高揚感があり、「私ってイケてる!」と感じている瞬間です。それは、必ずしも仕事などで成果を上げたことでなくてもかまいません。あなたのプレゼンにみんなが聴き入ってくれた瞬間でもいいし、お客さんにものすごく感謝された瞬間かもしれません。

もしくは、難しいプロジェクトを乗り切って充実感がみなぎっている瞬間かもしれません。自分が一番輝いていたと思えることであれば何でもかまいません。ひとつそんな体験を決めたら、そのときの情景を思い出してみましょう。まわりには何が見えますか？　誰がそばにいますか？　そのとき、あなたはどんな表情をしていますか？　笑顔なのか？　真剣な表情なのか？　そのときの感情は？　そのときの気分に浸ってみてください。充実感や達成感があって、「私ってイケてる！」という感覚に浸るのです。

ステップ2　ステップ1で再現した最高の気分を表わす短いフレーズを作ります

その感覚を思い起こすときに使うフレーズですから、シンプルで覚えやすく、何より、あなたがしっくりくるフレーズにしてください。たとえば、「私はできる！」「私って可愛い！」「私ってイケてる！」といった短いもので構いません。ここで大切なのは、この言葉を聞くとあなたがしっくりくるフレーズかどうかということです。

ステップ3　ジェスチャーと組み合わせる

今、作ったフレーズと組み合わせて、いつでも「最高の自分」を引き出すための刺激となるジェスチャーを用意します。大げさなジェスチャーではなく、どこでもすぐにできるジェスチャーにします。たとえば、「左手の親指をギュギュと2回にぎる」「左手の手首を掴む」「右手で右の耳たぶを触る」などです。できれば、日常あまり行なわないジェスチャーにしてください。日常的に行なっているクセのようなジェスチャーだと、気づかないうちにネガティブなアンカーとなっている可能性もあるので避けてください。

ステップ4 関連づける

自信に満ちている瞬間を思い出してフレーズを作り、ジェスチャーが決まったら、アンカーは全部揃いました。あとは、過去の体験との関連づけをしていけばアンカリングは完成です。

ステップ5 アンカリングを強固にする

ステップ1〜4を反復して、アンカリングを強固なものにしていきます。まずは、誰の目も気にならない静かな場所と時間を確保してください。リラックスした状態で椅子に腰かけます。そして、できるだけ何も考えない時間をつくります。最初は、「明日の会議にはあの書類が必要だな」とか、「今日、21時からのテレビを観ないと」とか、「何も考えちゃいけない」とか、よけいな思考がグルグルするかもしれませんが、しばらくそのままにして、自分の呼吸に意識を向けて心が静まるのを待ちます。心が落ち着いてきたら、自信に満ちている瞬間を思い出します。その瞬間に見えていた景色、そばに誰がいたのか、光の感じ、聞こえてくる音、におい、肌で感じた感触、温度や風。そのとき、あなたはどんな気持ちでいたのでしょうか？　そのときの体験に浸り、もう一度そのときの感覚を味わってみてください。そして、その瞬間と同じ高揚感を味わえたら、その感覚に浸りながら、アンカーを組み合わせていきます。

作ったフレーズを心の中で唱えながら、ジェスチャーを加えます。感情がピークに達したら、そこでこの動作を終了します。これでアンカリングは完成したことになります。

アンカリングが完成しているかを確認するには、フレーズとジェスチャーを同時に行なったときに、過去に味わった高揚感を瞬時に思い出せるかどうかです。もし条件反射的に思い出せたら、アンカリングは完成しています。もし瞬時に思い出せなければ、ステップ4〜5のプロセスをもう一度行ないます。何度か確認をしてみて、瞬時にその感覚を思い出せるようになったら、アンカリングは完成です。慣れてくると、そばに人がいても、電車の中でも、ミーティング中でもできるようになります。

このアンカリングは、落ち込んだときに実践するのも、もちろん有効ですが、自信を持って臨まなければならないプレゼンの前や、何だかやる気が出ない出勤前の朝などに実践しても、意欲的な自分を取り戻すことができます。

4 ● 呼吸は意識と無意識の切り替えスイッチ

あなたは、落ち込んでいるとき、緊張状態にあるとき、自分がきちんと呼吸しているのかに意識を向けたことがあるでしょうか? 忙しい現代においては、おそらくほとんどの人が、自分の呼吸に気を止めたことがないのではないでしょうか。リラックスするために、深呼吸が効果的であることはよく知られています。なぜ、呼吸を深くすると心が落ち着くのでしょうか。そのカギは、自律神経のバランス調整にあります。

自律神経は、交感神経と副交感神経という、相反する働きの2つの神経から成り立っています。交感神経は、緊張状態やストレスといった負荷がかかっている状態にあるときに優位になりますが、副交感神経は、心が落ち着いている状態、リラックスしている状態のとき、とくに睡眠中に優位になります。

自律神経のコントロールは無意識的に行なわれていますが、交感神経と副交感神経のバランスが乱れて、どちらか一方だけが優位な状態が長く続くと、倦怠感や不眠になったり、食欲低下といったさまざまな不調が生じます。つまり、落ち込んで緊張状態にある場合は、交感神経と副交感神経のバランスが乱れている状態と言えます。

呼吸は、通常は自律神経がコントロールしています。つまり、意識しなくても無意識に行なわれます。

でも、意識して止めたり、早くしたり、深くするなどのコントロールもできます。呼吸は、無意識と意識のスイッチとも言われています。

この無意識に行なっている呼吸を、意識的なコントロール下に置くことで、自律神経の交感神経と副交感神経のバランスをとることが可能となります。

瞑想やヨガでも呼吸法を学びますが、創造的なアイデアを閃いたり、柔軟な思考を手に入れようとするときには、リラックスした状態が必要になります。アイデアが浮かぶときは、ガチガチに張り詰めているオフィスではなく、お風呂に入ってリラックスしているときや、お気に入りのカフェでコーヒーを飲んでいるときなど、リラックスしているときなど、ふとした瞬間が多いはずです。

自分の呼吸に意識を向けてみると、うれしいとき、悲しいとき、怒っているとき、落ち込んでいるとき、呼吸を観察してみると、それぞれ呼吸の違いを感じられるはずです。

「息を合わせる」と言いますが、親しくて信頼している人とは、自然と呼吸のスピードや

「抜け出せるんだ」と気づくこと！

深さが同じだったりします。また、優秀なセールスパーソンは、意図的に相手の呼吸と自分の呼吸を合わせて同調させることで、商談を成立させると言います。

まず、あなたの呼吸に意識を向けてみてください。仰向けになるか、リラックスできる姿勢で座って、目を閉じて、呼吸に意識を向けて観察します。息を吸うときには、どんな風にお腹や胸がふくらんで、息を吐くときには、どんな風にお腹や胸がしぼむのか。できるだけ何も考えず、リラックスして呼吸にだけ意識を向けてください。いかがでしょうか？　ただ呼吸に意識を向けて味わっているだけで、ずいぶん静かな感覚が味わえるのではないかと思います。呼吸法のいいところは、このリラックス効果がすぐに実感できることです。

落ち込んだ状態からなかなか抜け出せないということは、文字通りその場で立ち止まっている状態です。そこから抜け出すには、まず「抜け出せるんだ」と気づくこと、そし

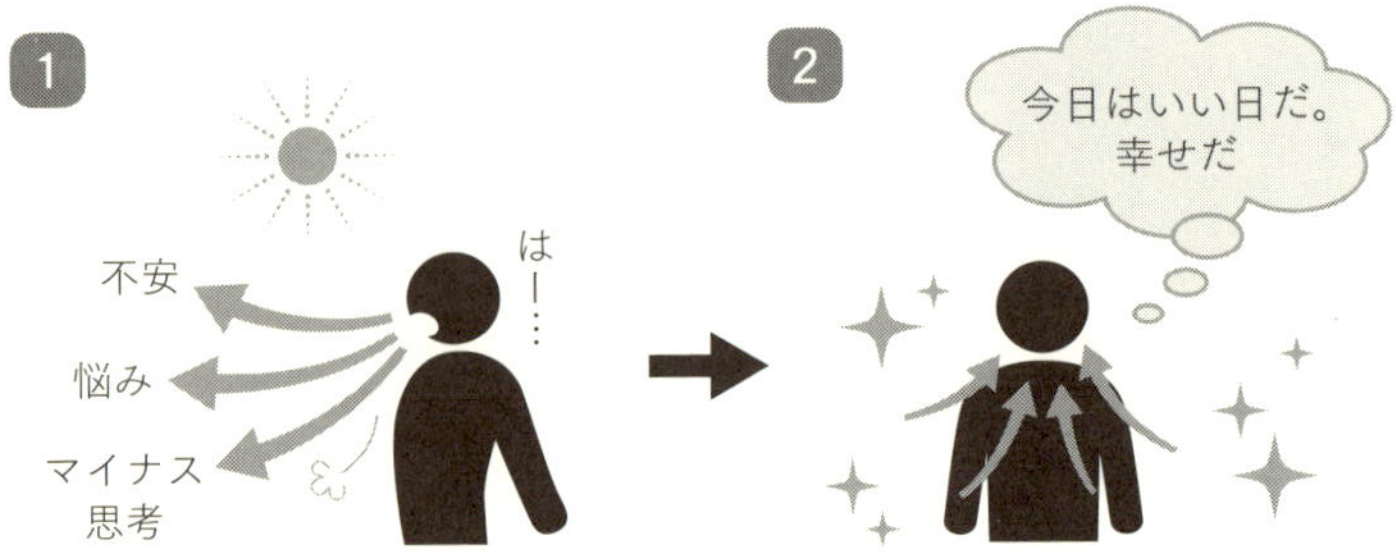

て何らかの行動をとることです。

目の前の「今」の課題や問題に集中することこそ重要なのに、「今」に集中することができずに心が沈んだ状態では、抜け出すためのよいアイデアなど浮かぶはずがありません。

こんなときは、意識的に深い呼吸を繰り返すというのもひとつの方法です。鼻から息を吸ってお腹を膨らませ、ゆっくり息を吐き出す腹式呼吸を繰り返していると、副交感神経が優位になっていきます。つまり、リラックス状態にスイッチを切り替えることができるのです。リラックスを助ける呼吸法は、私たちが本来持っている可能性やエネルギーを引き出してくれるものです。

私は、ストレスを感じると、すぐに呼吸法を実践しています。まず、ゆったりとイスに座り、首と肩の緊張をほぐします。そして、目を閉じて自分の呼吸に意識を向けて集中して、息と一緒にストレスが体外に出るイメージで息を吐き、次にエネルギーが自分の中に入ってくるイメージで息を吸います。

こうして、ストレスを感じたときにストレス発散するための施策をとることが、レジリエンスを高めるひとつの方法です。日常的にストレスをため込まないことで、これまでストレスを感じやすかった脳が書き換えられていくはずです

5 ●「失敗損」から「失敗得」に変えるには？

あなたが落ち込んで、なかなか立ち直れない原因となるものは、何かしらの「失敗」があったからだと考えられます。失敗とは、方法や目的を誤ってよい結果が得られないことと定義すると、方法や目的が間違っていただけなのですが、私たちが「やりたくないな」と二の足を踏むときには、過去の失敗が影響している場合がほとんどではないでしょうか。

仕事でも対人関係でも恋愛でも、過去に「これをやって失敗してしまった」という経験は、安心安全欲求のある私たちに、「やりたくない」「やっても同じこと」「やらない方がいいのでは？」と二の足を踏ませます。

一所懸命にプロジェクトに取り組み、不眠不休で頑張ったのに、思うような結果を得ら

れず、上司から嫌味を言われたとしたら、頑張った自分や自分自身の能力をも否定するようになってしまい、不眠不休で何かに夢中になるということができなくなったり、または、過去の自分と同じように一所懸命頑張っている人を見ると、嘲笑してしまうようになるかもしれません。とくに、失敗すると惨めさや屈辱や恥ずかしさなど、感じたくない感情を伴いますから、あなたにとっては忘れてしまいたい、見たくない過去の痛みとして封印されることになります。でも、失敗しない人なんていません。赤ちゃんのときには、ハイハイから立ち上がるときには何度も失敗しては、立ち上がろうとして失敗することを繰り返し、そして立って歩くことが当たり前になります。一度、失敗したからといって、立ち上がることを諦めた赤ちゃんはいません。何度も何度もチャレンジし、失敗するたびに何か新しいことを学び、成長していったはずです。

大人になれば、誰でも思い出したくもない大きな失敗のひとつや二つは経験しているはずです。失敗すると、大なり小なり嫌な思いをします。人によっては、ショックを受けて自暴自棄になったり、自分を強く責めたりするようになります。そして、その自分を責める度合が強ければ強いほどトラウマとなって、あなたを押さえ込む負のエネルギーになっていきます。そして、大人になったあなたは、失敗を学習していきます。失敗をして、自分を責めてどんどん自信をなくし、「もう期待しない」「もう同じ思いをしたくない」とい

失敗の箱の中では柔軟に考えられない！

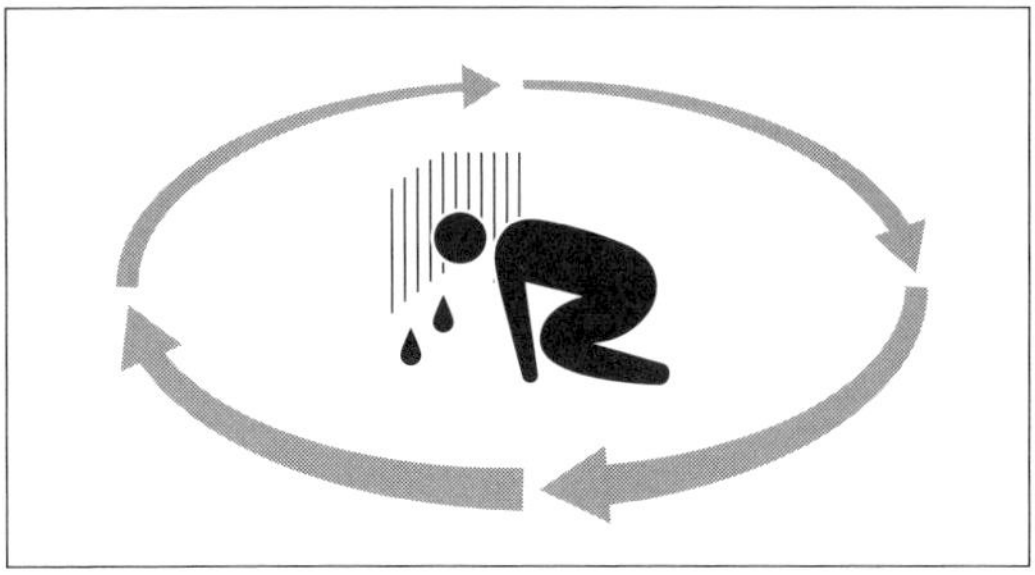

う気持ちになり、失敗を恐れるあまり、チャレンジしなくなります。**失敗しないということは、何も挑戦しないということです。**

実は、失敗はひとつの経験でしかありません。**どんな失敗をしたかよりも、あなたがどう自分を責めたのかのほうが心の痛みは大きくなります。**

自分を責めてしまうのも、失敗の箱の中に入ってしまうと、柔軟な発想ができなくなり、ずっと自分を責め続けてしまいます。

『失敗したわけではない。それを誤りだと言ってはいけない。勉強したのだと言いたまえ。私は失敗したことがない。ただ、1万通りのうまく行かない方法を見つけただけだ（トーマス・エジソン）』

多くの偉人が、「失敗というものはない」と断言するのは、それを決めるのが自分自身だからなのです。あなたが諦めたときに、その出来事は失敗となります。たとえ、締め切りが設定されているプロジェクトであっても、「今回の失敗を次に活かすためには何ができるだろう？」と捉えることができれば、単なる失敗ではなく次へのステップになります。

そもそも、失敗だと誰が決めるのでしょうか？　上司が「君のミスだよ！」と言うからでしょうか？　誰かから、「今回は失敗でしたね」と言われると失敗になるのでしょうか？

誰に何を言われても、**今回の「失敗」を糧に次につなげることができれば、失敗も大切な経験のひとつになります。**

あなたが、何かに失敗したと感じたとしたら、そこから何かを学ぼうとする姿勢が大切なのです。多くの人は、自分が失敗したと思うと、もう諦めるしかないように感じてしまいます。でも、本当に大切なことは、その失敗と感じた出来事から何を学び、今回の失敗を糧に、次に何に活かすことができるのかを考えるために失敗があるのです。

失敗しても何も学ばず、何も得ていないのであれば、ただの「失敗損」になってしまいます。失敗をすると、嫌な思いをします。**せっかく嫌な思いをしたのであれば、失敗を活かす「失敗得」に変えてください。**

失敗をしたと感じて落ち込んではいけないと言っているわけではありません。無理に落ち込んではならないと無理やり自分を鼓舞してしまうと、よけいに心に負荷がかかり落ち込みがひどくなってしまいます。失敗したと感じたら、泣いてもいいし、愚痴を言ってもいいのです。ゆっくりと半身浴をしてリラックスするのもいいし、しっかりと落ち込んでください。ただ、必要以上に落ち込みを引きずって過去の失敗にとらわれてしまっては、あなたの望む未来を創り出すことはできません。**私たちにとって大切なことは、過去にとらわれるのではなく、未来を作り出すことなのです。**

6 ● レジリエンスを高めるメンターの存在

あなたは、仕事もでき、上司からも認められてリーダーになったはずです。そんなあなたは、目標をもってバリバリと頑張って、部下からも慕われているのではないでしょうか。そうすると多くの場合、ネガティブな自分が抑圧されていることが少なくありません。

2章でもお伝えしたように、無意識には一人だけではなく、いろいろなあなたが存在します。どんなあなたかと言うと、「優しい」あなた、「攻撃的」なあなた、「天真爛漫」なあなた、「臆病」なあなた、「不安」なあなたなどなど、さまざまなあなたが存在しているのです。それこそ、喜び、悲しみ、怒り、諦め、驚き、嫌悪、恐怖など、感情の数だけい

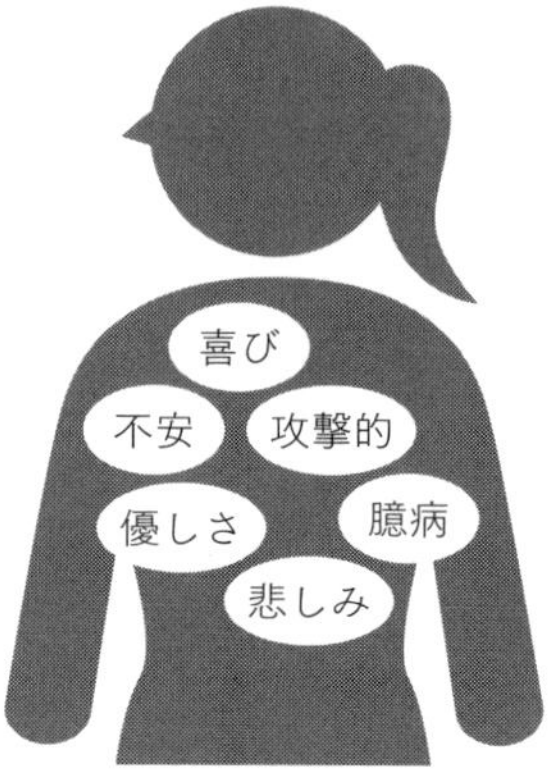

ろいろなあなたが存在していることになります。
「リーダーなんだから弱音は吐けない」「やりたくないけど、そんなことは言えない」「みんなの前で恥ずかしいことはできない。頑張るのよ、私！」もし、あなたがこんな風に思ったとしたら、奮い立った心の底に、それぞれ「弱い自分」「怖れ」「恥ずかしさ」は抑圧されていることになります。
あなたは、リーダーになってから、日々そのように考えて頑張ってきたのではないでしょうか。だとすると、抑圧されたネガティブな自分たちはどんどん膨れ上がっていくのも想像できますよね。だから、あなたは心の奥底では、「私は怖がりなんだ」「弱い人間なんだから守ってほしい」と知っています。でも、「そんな自分を出したら、恥ずかしい」「まわりの期待に応えなければならない」「強い私じゃないといけない」「まわりの人を失望させてはいけない」

と思ってしまいます。

しかし本音としては、「私だって、ときには誰かに甘えたい」「私だって誰かに守ってほしい」「本当は、やりたくないことは、やりたくないと言いたい」と思うけれど、絶対に言えないと思っているのではないでしょうか?

本来の自分を出せる相手の存在は、人にとってとても大切なものです。レジリエンスを考える上でも、心が落ち込んだ状態から早い段階で立ち直るためには、本心を話すことができるメンターの存在が必要です。素直な気持ち、自分の心の奥底にある弱さ、情けなさを解放していくことが、とても大切なことなのです。隠されていた自分を解放する、手放すプロセスです。

あなたは、今まで弱音も吐かずに頑張ってきました。そして、あなたの存在が与えた影響も多いのではないでしょうか? たとえば、あなたの頑張っている姿を見て、「自分も頑張ろう」と思った人がいたり、あなたの責任感の強さを見て、「頼りになるな」と思っている部下がいたりするのではないでしょうか。

ということは、あなたがいるだけで影響を受けているということです。つまり、**あなたが与えてきた分だけ、あなたに与えたい人たちがたくさんいるのです。**その存在に気づき、その存在を認めることができたとき、もう一人で頑張る必要がないことがわかるし、そんな完璧な存在でいなくていいこともわかるでしょう。

私は、今まで研修講師として大勢の人たちと関わってきました。研修を受けてくださった方から、「やりたいことがハッキリしました」「業績が上がって、お給料が上がりました」「部下とのコミュニケーションが楽しくできるようになりました」など、たくさんの効果がありましたという感想をいただいても、有り難いという思い以上に「私なんか、まだまだダメだ」という気持ちが消えることはありませんでした。

そんな私ですから、何をするにしても、「私じゃなくてもいいんじゃないの?」「別の人のほうが適任なのでは?」という思いが消えることはありませんでした。そんな中で、私のメンターである方から、「あなたでなかったら、あなたの研修を受けて成長できるはずだった人の変化の機会を奪うことになるんだよ。あなたが成長して変化してきたように、今度は、成長を与える番だよ。与えられたものは自分一人で抱え込むんじゃなくて、今度は与えないといけないよ」と叱咤激励されました。

それまで、研修をしてどんなによいアンケート結果をいただいても、「私でなくてもいいのでは?」と思っていた自分自身が恥ずかしくなりました。研修講師でありながら、自分が与える側に立つという発想がなかったのです。違う視点で考えることができてから、ようやく研修講師である自分に、「私でいいんだ」という許可が出せたのです。

あなたにも、あなたに与えたい人がたくさんいるはずです。あなたが与えてきたことを認めてください。そして、隠された自分の弱さや怖れや不安を誰かに話してみてください。誰にでも、とはいかないと思いますが、本来の自分を出せる相手の存在はとても大切です。あなたが与えた分だけ、あなたは与えられていいのです。そして、またさらに与える存在になってください。

エピローグ　今、幸せだと感じられることは何ですか？

あなたは、過去を振り返って、「高校生のとき、もっと勉強しておけばよかった……」や「学生のときに海外留学しておけばよかったな」とか、「昨日のプレゼンのときに、こう言っていたら契約できたかもしれない」などと考えて、「やり直せたらいいのにな」と考えたことがあるのではないでしょうか。

あのとき違う選択をしていたら、今とは違う人生になっているはずと、誰でも一度は考えることだと思います。

私も、「学生のときにもっと勉強しておけばよかった」「高校生のとき、海外留学すればよかった」と考えることがありました。さすがに、今は「今」に集中することの重要性を知っているので、過去のことを振り返ってどっぷりと後悔に浸るということはありませんが、同時に「今」に集中することの難しさも知っています。

人は、知らず知らずのうちに、「昨日のあのとき……」と、意識が「過去」に行ったり、

「明日は、あの準備をしないと……」と「未来」に行ったりしてしまい、「今」に集中できなくなります。あなたも、「今」を感じてみてください。5分間「今」に集中することも難しいのではないでしょうか?

本編でも触れていますが、「今」が何十にも何百にも何千にも重なった結果が「未来」です。すべての結果には、必ず原因があります。そして、その原因を受け止めて「今」を変えていくしかありません。起こってしまった「結果」は変えようがありません。たとえ、「あのとき違う選択をしていたら……」と後悔して過去に戻って、Aの道ではなくBの道を進むとやり直せたとしても、あなたの「今」は何も変わりません。

なぜなら、あなた自身が変わらなければ、進む道が変わったとしても、あなたが「今」感じているものは何も変わらないからです。

出来事や他人や自分に意味をつけているのは、あなた自身です。人生をやり直せたとしても、あなた自身が変わらなくては何も変わりません。

私たちは、「今」を生きるしかありません。何をどんなに悩んでも、何をどう考えても、「今」を生きていることに間違いはありません。ただ、体は「今」を生きているけれど、「未来」や「過去」のことを考えて、悲しくなってしまったり、不安になってしまったり、恐怖を感じてしまったりしていたのでは、本当に「今」を生きていることにはなりません。

私たちは、「今」の幸せを感じて生きているかどうかが大切なのです。

あなたは、「幸せ」だけを感じて生きていたいと思うかもしれません。「不幸」は感じたくないと思われる方がほとんどだと思います。ですが、この「幸せ」も「不幸」も感じるために不可欠なものがあります。これがないと、感じることができない絶対に必要なものです。何だと思いますか？

それは、私たちの体です。体がないと、「幸せ」も「不幸」も感じることができません。あなたが、さまざまなことを体験して、「あぁ～幸せ」と感じることができるのは体があるからです。別の言い方をすると、あなたは生きているからこそ、「幸せ」も「不幸」も感じることができるのです。

あなたが生きているということは、生命維持装置でもある無意識があなたを生かしているということです。だとすると、あなたの人生をあなたが生きる意味とは、「幸せ」も「不幸」も、さまざまなことをあなたが体験することにあるのではないでしょうか。あなたがあなたの人生で体験することです。うれしいこと、悲しいこと、辛いこと、成功すること、そう考えると、失敗もあなたの失敗です。他の誰でもない、あなた自身の失敗の体験です。

もし、あなたの人生に台本があってシナリオ通りだとすると、どうでしょうか？　あなたの未来がすべて予定通りだとしたら？　もし、誰かの脚本通りだとしたら？　未来が決まっているから失敗しないかもしれませんが、こんなにつまらないことはありません。それこそ、あなたではなく他の人が演じても構わないことになるのではないでしょうか。

本当は一番、生きているだけで幸せを感じるところなのですが、私たちは「今日も息ができている！　あぁ～幸せ」とは、なかなかなりません。ですが、ふだん当たり前だと思っていることにこそ「幸せ」を感じることができると、「今」が何十、何百、何千にも重なった「未来」もずっと幸せなはずなのです。

私の研修で、「今、幸せだと感じられることは何ですか？」と受講生の方にお聞きしたところ、受講生の方から、「見える、食べられる、眠れる、歩ける、話せる、聞こえることが幸せです」とお答えいただいたことがあります。

誰しも、宝クジに当たるといったような大きな幸せを望んでいるかもしれませんが、大きな幸せだけを「幸せ」だと感じるのであれば、「幸せ」を感じることがなかなかないことになります。ふだん、当たり前だと思っているような小さなことに「幸せ」を感じることができると、ずっと幸せでいられるのではないでしょうか。

幸せはなるものではなく、あなたが気づくものです。あなたの幸せは、あなたが気づいて「あぁ～幸せ」と感じるものです。

どうか失敗を恐れず、本書のメソッドを実践してください。失敗しても、成功しても、思い通りにいかなくても、うまくいっても、それも体験です。**人生で体験がひとつ増えたととらえることこそ、レジリエンス思考術です。**あなたの大切な人生での体験を楽しんでください。

過去を変えることはできませんし、未来のことはわかりません。
あなたの未来を否定しないで下さい。

おわりに

本編でも触れていますが、私は「コーチング」や「レジリエンス」をお伝えする研修講師をしています。今では、１００名以上の方々への研修を担当しても、人前に立つことに対してはそれほど緊張することもなく、リラックスした状態で、その場、そのときに合ったことを話すことができるようになりましたが、数年前までは、研修日前日から緊張で何も手がつかなくなり、直前には手足が震え、話し出すと声まで震え、その震えた声を自分で聞いて、さらに緊張するといった状態になっていました。今から考えると、よく続けることができたなと思います。

なぜ、ここまで緊張していたのかを考えると、「自己肯定感」の低さが挙げられます。「自己肯定感」の低さから、他者評価を気にし、ご受講者の反応やアンケート結果が自分の評価となっていたのです。たとえ、研修後のアンケートで１００名中99名の方々に高評価をいただいても、1名でも評価が低いと極度に落ち込み、「もう研修なんてできない」と投げやりになり、そして次の研修のときには、「また、評価が低かったらどうしよう」と、他者評価ばかりを気にして、自分のパフォーマンスを十分に発揮することができなかったのです。

今となっては、「自己肯定感」の低さからの緊張だったと理解できますが、当時は自信たっぷりに堂々と話す他の講師に憧れ、「自分に自信がないなんて思ってはいけない！」「私は人前で堂々と話せる！」と思い込もうとしたり、研修の評価が低くて落ち込んでも、「いつまでも落ち込んでいてはダメだ！」「私は、いつまでも落ち込むほど弱い人間ではない！」と落ち込んだ自分の心を受け止めようとはせず、なかったものにすることに一所懸命になっていました。

もちろん、落ち込んだ状態が改善することはなく、いつまでも落ち込んでいる自分を情けなく思い、さらに落ち込むといったことを繰り返していました。

落ち込みから抜け出せず、同じ箱の中でグルグル留め置かれる状態は、本当に孤独で辛いことです。ですが、落ち込みの箱からは必ず抜け出すことはできるし、必ずあなたの望む未来は創り出せます。あなたは、「私には無理」と思うかもしれません。ですが、あなたにも必ず未来はやって来ます。

そして、本当は今の「私には無理」と思うあなたのままでいいのです。今のままでいいのです。ただ、「私には無理」と思う自分をあなた自身が許し、自分自身にＯＫを出すことができるのかどうかなのです。「私には無理」と思う自分を許せずＯＫが出せないのであれば、少しだけ、少しだけ「もしかしたら……」と自分を信じて本書のメソッドを実践してみてください。

私たちにとって大切なことは、過去にとらわれるのではなく、未来を創り出すことなのです。

最後にお礼を言わせてください。

本書の執筆のチャンスをくださった、同文舘出版株式会社の古市達彦編集長に心から感謝いたします。ありがとうございます。そして、私に関わってくださったすべての方々に感謝の気持ちでいっぱいです。本当にありがとうございます。

最後になりましたが、この本をお読みいただいたあなたが、落ち込みの箱から抜け出し、あなたの望む自由な未来を創り出せることを心より願っております。

最後までお読みいただき、本当にありがとうございました。

お問い合わせ先

本書でご紹介している「女性リーダーのためのレジリエンス思考術」、「落ち込みから抜け出すメソッド」、また、このテーマに関する講演、セミナー、研修などにつきましては、弊社までお問い合わせください。

お問い合わせ・ご依頼窓口　info@kaigocoach.com
コミュニケーションオフィス 3SunCreate ホームページ　http://kaigocoach.com/

２０１７年１月

三田村薫

【参考文献】

・実務入門　ＮＬＰの基本がわかる本（日本能率協会マネジメントセンター）　著者：山崎啓支
・実務入門　ＮＬＰの実践手法がわかる本（日本能率協会マネジメントセンター）　著者：山崎啓支

著者略歴

三田村薫（みたむら　かおる）

1973年生まれ、大阪市出身。女性リーダーとして、女性のみの職場や男性のみの職場、女性と男性の混在した職場など、さまざまな職場で人材育成に携わる。コーチングを通じてコミュニケーションの大切さを伝えるべく、コーチング研修を開始（社内外で年間のべ200回の企業研修実績）、コーチング研修講師を経て、2013年コミュニケーションオフィス3SunCreateを設立。女性ならではの事例や理論、豊富な実践を交えた参加型研修が特徴のレジリエンス・トレーナーとして活躍中。現在、コーチングやNLP（神経言語プログラミング）、心理学をベースとしたレジリエンス・トレーナーとして「現場に効くレジリエンスセミナー」を全国各地で行なっている。

◆お問い合わせ、ご依頼窓口　info@kaigocoach.com
◆コミュニケーションオフィス3SunCreateホームページ　http://kaigocoach.com/
ホームページでは「落ち込みから抜け出すメソッド」が満載のメルマガが登録できます。

女性リーダーのための　レジリエンス思考術

平成29年3月15日　初版発行

著　者 —— 三田村薫

発行者 —— 中島治久

発行所 —— 同文舘出版株式会社

東京都千代田区神田神保町1-41　〒101-0051
電話　営業03（3294）1801　編集03（3294）1802
振替00100-8-42935
http://www.dobunkan.co.jp/

ISBN978-4-495-53631-2

印刷／製本：三美印刷
Printed in Japan 2017